惯容隔振系统性能分析及在船海领域的应用探索

温华兵　郭俊华　著

国防工业出版社

· 北京 ·

内 容 简 介

本书紧密结合工程应用,系统介绍了含惯容器的隔振系统动力学特性分析方法及惯容器的具体应用与探索。首先,分别介绍了隔振器技术、传统隔振技术及 ISD 隔振技术的研究概况;其次,开展了惯容器动力学特性及模型探索,揭示了惯容器的本质;第三,基于惯容器的动力学特性,从理论上推导了含惯容器的单层隔振系统的动力学特性,并且结合试验验证了理论推导的正确性;第四,推导了含惯容器的双层及多层隔振系统的动力学特性,并且结合工程实际,以某柴油发电机组为对象,给出了双层及多层隔振系统的计算算例;第五,基于某柴油发电机组,详细设计、校核及优化了惯容—橡胶复合隔振器结构,并且将其应用于柴油发电机组隔振,分析了柴油发电机组的动力学特性;第六,探索了惯容器在船海领域的其他应用,设计了几种应用于船海领域的减摇、减振设备。

本书可作为从事船舶与海洋工程、动力工程领域隔振设计及振动控制、含惯容器系统设计与分析的科研人员和技术人员的参考资料,也可以作为船舶与海洋工程等专业研究生的教学参考书。

图书在版编目(CIP)数据

惯容隔振系统性能分析及在船海领域的应用探索/
温华兵,郭俊华著. —北京:国防工业出版社,
2019.1

ISBN 978-7-118-11730-1

Ⅰ.①惯… Ⅱ.①温… ②郭… Ⅲ.①船舶减振-减
振降噪-研究 Ⅳ.①U661.44

中国版本图书馆 CIP 数据核字(2018)第 257186 号

※

国防工业出版社出版发行
(北京市海淀区紫竹院南路 23 号 邮政编码 100048)
涿州宏轩印刷服务有限公司
新华书店经售

*

开本 787×1092 1/16 印张 10½ 字数 232 千字
2019 年 1 月第 1 版第 1 次印刷 印数 1—2000 册 定价 38.00 元

(本书如有印装错误,我社负责调换)

国防书店:(010)88540777   发行邮购:(010)88540776
发行传真:(010)88540755   发行业务:(010)88540717

前　言

　　振动问题广泛存在于机械工业和其他工业部门中,这些问题不仅会导致机器和仪表工作效率低下,而且会引起机械结构的辐射噪声。噪声主要的来源是交通噪声,如汽车、飞机和火车等产生的噪声,工业噪声也是一种主要污染。此外,像建筑施工机械,娱乐扩音设施,甚至一些办公设备,人们大声喧哗吵闹,都是噪声污染源。机械设备的振动和噪声不但会导致机械设备的疲劳损坏,也会危害人们的身体健康。

　　进入 20 世纪以来,随着世界贸易的增长以及当今航运技术的发展,对船舶振动噪声的要求越来越高,振动噪声也成为衡量舰船、车辆等交通工具的重要性能指标之一。动力机械噪声和螺旋桨噪声是船舶的振动噪声源,而动力机械的振动是引起船舶振动的主因。船舶动力装置将振动传递给船体结构,再通过船体结构传播到各层舱室结构,在舱室内部产生的振动噪声会影响船员的健康、生活及工作效率。近年来,随着海运事业的发展,船舶吨位、航速及动力装置功率的不断提高,使船舶动力装置噪声污染日趋严重,也使船舶动力装置噪声日益受到人们的关注。因此,国际海事组织不断推行新的国际公约,要求将船舶动力装置噪声控制在越来越低的水平。

　　剑桥大学学者 Smith 于 2001 年发明了惯容器,大量的相关理论研究和应用实践表明,惯容器可以上百倍地增加参振系统的虚拟质量,具有优异的减振性能,尤其是能有效抑制低频振动。针对国内船舶与海工领域存在的大量船用大功率动力设备及海洋平台低频摇摆问题,积极开展惯容理论与技术研究,并在现有基础上进一步研究隔振技术及其新产品,是解决船舶与海工领域减振共性关键技术的迫切需要和有效途径;同时也有助于提高我国在高技术船舶、海洋工程装备领域的关键设备自主配套能力,并推动相关产品的开发和产业化。

　　全书共分为 9 章。第 1 章概述了隔振器技术、传统隔振技术以及 ISD 隔振技术的现状与发展,为后续研究提供了基础;第 2 章推导了惯容器的动力学特性,介绍了机械式平动惯容器、流体式平动惯容器以及扭转式惯容器的几种模型,并且给出了一些典型惯容器模型的惯质系数及其发展模型,最后通过总结各种惯容器模型的相同点,揭示了惯容器的本质属性;第 3 章分析了几种单层 ISD 隔振系统阻抗特性,并且分析了惯容器对几种 ISD 隔振系统的影响,为了验证惯容器对隔振系统的影响,通过试验分析了惯容器的惯质系数、隔振系统的加速度及传递率;第 4 章分析了双层及多层 ISD 隔振系统的动力学特性,基于某柴油发电机组,给出了双层及多层 ISD 隔振系统的应用算例;第 5 章以某柴油发电机组为应用对象,将惯容器与橡胶并联设计了惯容-橡胶复合隔振器,给出了隔振器的相应参数,并且基于 ANSYS Workbench 对整体惯容-橡胶复合隔振器进行了力学性能校核分析;第 6 章首先分析了考虑摩擦因素的滚珠丝杠式惯容器惯质系数,将惯容器的一些几何参数与惯质系数建立联系,通过建立惯容-橡胶复合隔振器的优化数学模型,利用遗传算法,对其进行了结构优化;第7章加工了惯容-橡胶复合隔振器,通过试验分析了其静态、动态性能,探讨了惯容-橡胶复合隔振器传递率的一种计算方法;第8章将惯容-橡胶复合隔振器应用于柴油发电机组的隔振,建立了整体隔振系统的动力学模型并且通过Matlab/Simulink进行了仿真,分析了整体隔振系统的模态、隔振器的响应及传递特性、整体机组的响应等;第9章开展了惯容器在船海领域的其他应用探索,设计了含惯容结构的半主动减摇鳍模型、几种含耦合惯容结构的减摇减振设备模型以及含惯容结构的发电式动力吸振器模型。

全书编写以江苏科技大学振动噪声研究所多年来在惯容器方面的研究成果为基础,并且借鉴了香港大学陈志强教授团队和江苏大学陈龙教授团队的研究成果。夏兆旺副教授参与了第1章的撰写工作,彭子龙博士参与了第2章的撰写工作,昝浩博士研究生参与了第3~4章的撰写工作,唐立博士研究生参与了部分试验工作,李阳、刘悦硕士研究生参与了文献整理、试验以及书稿的校对工作。本书得到了2017年省重点研发计划项目(BE2017120)资助和江苏铁科新材料股份有限公司对试验工作的支持,感谢吕珏、谭飞、沈超明、毛南敏等人的参与。本书撰写还得到了周云祥、方开翔研究员,杨兴林、陈宁教授等人的支持,香港大学黄立锡、陈志强教授在作者香港大学访问学者期间给予了指导,在此表示感谢!

由于笔者水平有限,书中难免存在不妥之处,敬请读者批评指正。

笔者
2018 年 10 月

目　　录

第 1 章 绪 论

1.1 研究背景和意义

船舶工业"十三五"发展规划提出,到 2020 年我国要力争在高技术船舶、海洋工程装备及关键配套设备方面的制造能力明显增强,并进入世界海洋工程装备制造先进国家的行列,成为世界上该领域主要的配套设备制造国。

船舶与海洋工程领域存在大量的大功率动力装备,如船舶主机、柴油发电机组、大型海上平台等,这些大型动力设备的扰动力基频通常小于 15Hz,而现有的橡胶隔振器通常在上述低频范围内的减振效果较差,使得这类大功率动力装备的振动得不到有效抑制,其寿命、工作稳定性大大降低,不仅使维护成本大幅增加,而且会导致安全隐患。此外,振动还会辐射较大的噪声,这对于大型邮轮及水下舰艇等高技术船舶来说更是致命缺陷。因此,世界各国针对上述问题进行了大量研究,而通过在动力装备底部安装隔振装置来控制振动是公认最有效的措施,即隔振装置已经成为高技术船舶、高端海工装备关键的配套部件之一。

目前在国外,特别是欧美隔振装置的各项技术几乎均处于领先地位,在隔振系统特别是大功率动力装备所用的高端隔振产品的研发设计、生产工艺等方面具有比较完善的设计理论和丰富的设计经验,技术相对成熟且自成体系,产品已广泛应用于国际及国内市场,处于明显的优势和主导地位。除了常规的隔振装置,对金属丝网隔振装置、聚氨酯隔振装置、磁流变阻尼器、半主动及主动隔振装置等也开展了较多的研究,并针对大功率动力装备的低频特性研发出了多种新型隔振装置。

由于我国的船舶及海洋工程装备制造产业起步较晚,基础相对薄弱,国内针对该领域的大功率动力装备的配套隔振产品的研发也较为滞后。国内研究院所针对船舶及海工大功率动力装备的减振理论研究不足,相关企业在基础研究、产品设计、材料研发、制造工艺和产品质量控制上与国外企业存在差距。目前国产隔振装置主要以面向中小功率动力设备的低端产品为主,高端产品市场仍依赖进口。除了欧美国家对我国技术封锁的因素外,我们在该领域落后的主要原因是国内企业缺乏基础理论与先进技术的支持,未能完全掌握船舶与海工大功率动力装备的振动特征基础参数,缺乏科学、统一的产品性能评价标准和检验方法,从而难以真正掌握大功率动力装备隔振系统及其隔振产品的设计技术。

2001 年,剑桥大学学者 Smith 基于机电相似理论发明了一种两端点装置——惯容器,大量的相关理论研究和应用实践表明,惯容器可以上百倍地增加参振系统的虚拟质量,具有优异的隔振性能,尤其是能有效抑制低频振动。

针对国内船舶与海工领域隔振系统中普遍运用橡胶隔振器及其低频减振效果不佳的现状,积极开展惯容器相关理论与应用技术研究,既是对新型减振技术的发展与丰富,更是解决船舶与海工大功率动力装备隔振共性关键技术的迫切需要和有效途径;同时也有助于提高我国在高技术船舶、海洋工程装备领域的关键自主配套能力,并推动相关产品的开发和产业化。

1.2　隔振器技术概述

隔振器是连接设备和基础的弹性元件,用以减少和消除由设备传递到基础或者由基础传递到设备的振动。隔振器类型可以分为橡胶隔振器、钢弹簧隔振器、隔振垫、气垫隔振器。近些年也出现了一些新型隔振器,如钢丝绳隔振器、主动控制隔振器等。设计和应用隔振器时,须考虑下列因素:①能提供所需的隔振量;②能承受规定的负载;③能承受温度和其他环境条件(湿度、腐蚀性流体等)的变化;④具有一定的隔振特性;⑤满足应用隔振器的设备对隔振器重量和体积的要求。激励频率低于质量(设备)弹簧系统的固有频率时,隔振器不起隔振作用;激励频率与固有频率相近时,振动就会放大;只有当激励频率大于固有频率的$\sqrt{2}$倍时,隔振器才有隔振效果。通常要求激励频率大于固有频率的$2\sim3$倍,以便获得良好的隔振效果。

在国外,船海用隔振器的研制技术及生产工艺较为领先,荷兰 Loggers 公司研制的固有频率仅为 $5\sim9$Hz 的球形橡胶隔振器,能应对较大的冲击和大变形振动;美国全球橡胶制品公司研制的高性能增强聚氨酯隔振器,等频承载范围宽,使用寿命更长;美国智能自动控制公司研发的磁流变阻尼器,可以改变阻尼比使隔振性能随工况而改变,适用性更强。此外,美国和俄罗斯均在潜艇上研发并使用了新型气囊式隔振器,能在 $10\sim200$Hz 频率范围内有效隔离振动,隔振频带宽且低频特性良好。

在国内,船海用隔振器产品已经系列化生产,其研究领域主要集中于隔振器的隔振效果以及寿命的提高。方开翔等基于 I_DEAS 及 VC++编程计算分析程序,探讨了剪切型隔振器在潜艇动力舱段的隔振效果[1]。上官文斌等研究了不同损伤参量对橡胶隔振器疲劳寿命预测结果的影响,结果表明以 Luo 应力、Saintiter 应力为损伤参量建立的寿命预测模型预测效果更好[2]。杨丹建立了橡胶隔振器的本构模型,利用有限元仿真分析了各种载荷下隔振器的疲劳寿命[3]。丁家松等采用加速等效疲劳试验的方法校验了某船用隔振器的使用寿命,并通过热空气加速老化试验研究了隔振器的老化随时间变化规律[4]。程荣利用 ABIQUS 仿真分析了海上风机用橡胶隔振器的性能,并且通过试验验证了隔振器的隔振效果[5]。徐挺等采用有限元和试验方法建立了某舰船橡胶隔振器静、动刚度与橡胶硬度之间的关系,根据隔振器刚度失效准则确定了隔振器的失效硬度[6]。

虽然国内的隔振器研制与生产处于发展阶段,但是相信经过一代又一代的科研工作者的不懈努力,终究会赶上甚至超过国外的隔振器技术水平。

1.3　传统隔振技术概述

传统隔振技术分为单层隔振技术、双层隔振技术以及浮筏隔振技术,现有的船舶动力设备中以单层隔振最为常见。

1.3.1　单层隔振技术

如图 1.3.1(a)所示,被动隔振系统的隔振效果是由设备质量、刚度元件和阻尼元件的关系决定。闫振华等[7]对非线性隔振系统进行了系统的研究,并在实际应用中取得了一定的成效。陈安华等[8]研究了基础振动对隔振器的非线性动力响应,并通过数学方法得出了其响应特性。对于单层隔振系统,随着刚度的减小,隔振系统的隔振效果越好[9],随着阻尼值的增大,对隔振系统的固有频率的抑制效果越好[10]。

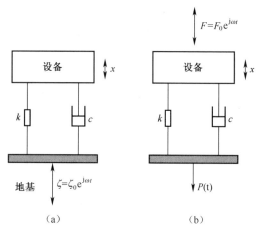

图 1.3.1　单层隔振系统
(a)被动隔振;(b)主动隔振。

如图 1.3.1(b)所示,系统通过主动隔振,设备振动对环境的影响大大降低,有效改善了设备的噪声问题。孙红灵等[11]通过单层隔振系统临界频率的研究,发现了阻尼值对隔振效果的影响。张春良等[12]通过研究主动控制力,改善了隔振器的性能。关欣等[13]通过总结国内外学者对飞轮在隔振措施中的研究,改进了飞轮在主动控制系统中的应用。陈绍青等[14]通过磁悬浮主动隔振系统的研究,构建了隔振试验平台。

振动传递率是描述隔振效果的重要指标之一,传递率越小,减振效果越明显。通过振动传递率的比较,主动隔振在中低频的隔振效果比被动隔振好,这是由于主动隔振能够克服被动隔振低频放大与高频抑制的矛盾以及基座隔振和载荷扰动抑制的矛盾。盛美萍等[15]通过机电类比的方法建立了单层隔振系统的导纳分析模型,研究了弹性基座的振动功率流与基座辐射功率流。魏强等[16]通过单层隔振系统功率流的计算方法,优化了隔振器的设计工作。单层隔振措施虽然简单易行,但也有明显缺点:①单层隔振器在实际应用中对刚度的限制较大;②在中高频域中,隔振装置受到驻波效应的影响。

1.3.2　双层隔振技术

由于单层隔振技术不能满足动力设备的减振要求,因此近年来舰船动力机械设备往往采用双层隔振装置来减少和降低舰船的辐射噪声(图 1.3.2)。最初在基座和基础之间通过隔振器连接所构成的单层隔振系统,其高频衰减一般为 20~25dB,对于振动噪声指标要求较高的船舶,如测量船、舰船等,单层隔振系统已经不能满足日益增长的需求[17-19]，而双层隔振系统能有效地改善这一问题。在双层隔振系统中，中间质量和动力设备质量的比值一般为 0.25~1，为了使垂向的两个共振峰靠近，甚至使中间质量略大于动力设备质量。然而，较大的中间质量虽然可提高系统的隔振性能，但会带来各种弊端，如增大装置的结构尺寸、装置笨重不易移动搬运、受制于空间位置的影响不易安装等[20]。传统的双层隔振系统通过附加一个大的中间质量进行人为增加参振质量，以实现系统较低的固有频率及抑制高频振动的传递，但是这增加了减振系统的附加质量和振动控制的成本，由于舰船等对总体质量有严格的限制，在工程应用中受到了限制。

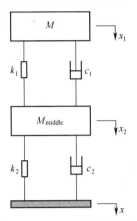

图 1.3.2　双层隔振系统

1.3.3　浮筏隔振技术

如图 1.3.3 所示，浮筏隔振是舰船上常用的一种隔振措施，它将多种机械设备放置在同一个中间质量上，通过中间质量和上、下层的弹簧元件及阻尼器来减少不同频率的振动，使浮筏隔振系统在宽频域的范围达到良好的减振效果。张鲲等通过动力吸振器的研究，优化了传统浮法隔振系统[21-24]。研究表明，浮筏隔振的优点虽然明显，但和双层隔振装置一样，浮筏隔振装置也存在装置质量尺寸较大，不易搬运安装等缺陷。近年来，越来越多的研究转向主动、半主动控制浮筏或者周期浮筏，以提高其隔振效果。

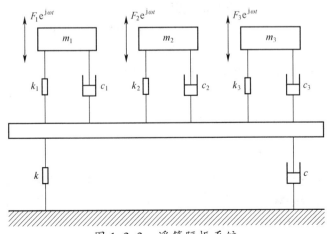

图 1.3.3　浮筏隔振系统

1.4 惯容器及 ISD 隔振技术概述

ISD 隔振技术[25]是指一种通过惯容器(inerter)、弹簧(spring)和阻尼(damper)组成的隔振系统,这种技术使机械网络和电力网络完全对应起来,提供了一种提高机械振动网络性能的新途径。这种系统已经有了一些实际应用,主要应用是车辆的悬架,通过惯容器、弹簧和阻尼的不同组合构建出不同的 ISD 隔振系统来改善不同场合的机械网络的性能。与传统弹簧阻尼隔振系统相比,ISD 隔振系统因惯容器的应用更有效地控制两个端点之间的力,具有研究价值和发展潜力。ISD 隔振系统极大地拓展了隔振系统的应用范围,将成为国内外研究的前沿课题。

机电相似理论的提出是不同学科交叉研究的结果,机电相似理论也为惯容减振器提供了良好的理论基础,并且促进了机械振动理论的发展[26]。2001 年,剑桥大学学者 Smith 基于机电相似理论创造性地提出了惯容器的概念,并且给出了滚珠丝杠式惯容器和齿轮齿条式惯容器两种最基本的实现形式,开展了将惯容器应用于车辆悬架系统的研究,从而探索出一条改善悬架性能的新途径[27]。2004 年,Smith 首次将惯容器应用于车辆悬架系统,构建了几种简单的被动 ISD 悬架结构,在此基础上分析研究了应用惯容器后悬架的性能,研究表明,在悬架中加入惯容器,能使车辆的乘坐舒适性及行驶安全性得到改善[28]。同年,Smith 将惯容器应用于高性能摩托车的操控系统上,提高了其稳定性,实现了惯容器的首次应用。2005 年,惯容器在西班牙大奖赛莱科宁的赛车上现身,并为迈凯轮车队取得了胜利。随着惯容器研究的不断深入,Smith 将滚珠丝杠式惯容器和齿轮齿条式惯容器进行台架实验,提出了惯容器的背隙问题,并且分析了其对惯容器和 ISD 悬架的影响[29,30]。从 2006 年开始,Smith 在机械振动综合网络分析方面做了一系列研究,提出了含惯容器的被动机械振动网络和设计方法[31-36]。2013 年,Smith 设计出液力式惯容器及其样机,相比于机械式惯容器,液力式惯容器结构更加简单,性能更加可靠[37]。

2006 年,台湾大学王富正等开始研究如何将惯容器应用于工程中,首次将惯容器用于火车悬架,改善了火车的乘坐舒适性、系统动态性能及稳定性[38-41]。2007 年,王富正将惯容器用于建筑物的隔振,并且取得了较好的效果[42,43]。2008 年,王富正探讨了惯容器的非线性,包括其摩擦、反弹和弹性变形,以及其对汽车悬架的影响,并建立一个测试平台去研究惯容器的非线性[44]。2011 年,王富正设计了一种新型的液压式惯容器,利用液压推动马达转动,推动飞轮转动,实现了飞轮的惯性封装[45]。

2014 年,香港大学陈志强等研究了惯容器对隔振系统固有频率的影响,结果表明惯容器能降低固有频率[46]。同年,陈志强等研究了含惯容器的汽车悬架包含乘坐舒适性、悬架偏转和轮胎抓地力在内的多个性能要求的综合性能,结果表明惯容器能明显改善汽车的综合性能[47]。2015 年,陈志强等研究了基于惯容器的隔振系统的 H_∞ 和 H_2 优化问题,结果表明,在隔振系统中添加惯容器可以抑制共振峰[48]。同年,他们还研究了含惯容器的单向隔振系统的分析和优化问题,结果表明在隔振系统中添加惯容器相当于添加了一个很大的参振质量,能明显改善隔振系统的隔振特性[49]。2016 年,陈志强等研究了半主动控制式惯容器在车辆悬架、动力吸振器中的运用[50,51]。同年,他们又研究了惯容器在梁式结构中的运用[52]。

2007 年,江苏大学陈龙等开展了应用齿轮齿条惯容器的车辆悬架研究,证实应用惯容器能够使悬架的隔振性能得到改善[53]。2008 年,陈龙等验证了惯容器可以通过高频振动、阻止低频振动的特性[54]。2012 年,陈龙等提出了一种 2 级串联型 ISD 车辆悬架,结果表明,2 级串联型 ISD 车辆悬架具有良好的低频频响特性[55]。同年,陈龙等又将电路网络的综合和分析方法运用于悬架机械振动网络中,研究车辆悬架系统应用惯容器后车辆悬架的性能提升潜力[56]。同年,陈龙等为了解决 I 型 ISD 悬架存在的惯容器"击穿"现象,提出 II 型 ISD 悬架,以提高 ISD 悬架实用性能,结果表明,提出的 II 型 ISD 悬架可以有效降低车身垂直振动加速度[57]。同年,陈龙等还提出了杠杆式惯容器、扭转惯容器及液压式惯容器的概念,并且给出了相应模型[58]。2013 年,陈龙等研究了惯容器以及 ISD 悬架设计的若干理论问题和关键技术,揭示了 ISD 悬架的工作机理、本质特性以及优于传统被动悬架的显著特点[59]。同年,陈龙等利用惯容器实现了车辆悬架理想天棚和地棚阻尼,并且申请了国际 PCT 专利[60,61]。2014 年,陈龙等建立了考虑摩擦以及丝杠弹性效应的惯容器非线性力学模型,进行了惯容器实际力学性能试验,根据试验数据对惯容器非线性力学模型中的参数进行了识别[62]。同年,陈龙等针对机械式惯容器力学性能受非线性因素影响较为严重的问题,研制了一种液压式惯容器,阐述了液压式惯容器的基本结构及工作原理[63]。2015 年,陈龙等滚珠丝杠式惯容器试验台架,研究摩擦因素对惯容器的影响[64,65]。2016 年,陈龙等针对 5 元件 ISD 悬架的各种问题,设计了一种 3 元件 ISD 悬架组成的装置,并将该装置安装于某型军用越野车的前、后悬架上[66]。

在国内,自江苏大学之后,陆续有单位的科研团队开始研究惯容器及 ISD 隔振技术,如江苏科技大学、国防科技大学、浙江大学、北方车辆研究所、石家庄铁道大学、华中科技大学以及中国舰船研究设计中心等,这里不再一一列举分析,有兴趣的读者可以参考借鉴。

参考文献

[1] 章艺,方开翔,江国和,等.剪切型隔振器在动力装置隔振中的研究[J].华东船舶工业学院学报,2002,16(2):68-73.

[2] 上官文斌,段小成,刘泰凯,等.不同损伤参量对橡胶隔振器疲劳寿命预测结果影响的研究[J].机械工程学报,2016,52(2):116-126.

[3] 杨丹.船舶柴油机橡胶隔振器疲劳分析及寿命研究[D].武汉:武汉理工大学,2013.

[4] Ding J S,Zhang H T,Zhang Z P,et al. Lifetime evaluation of rubber isolator for warship application[J]. Journal of Vibration and Shock,2010(29).

[5] 程荣.风力发电机隔振技术研究[D].镇江:江苏科技大学,2014.

[6] 徐挺,张欢童,宗鹏.船舶橡胶隔振器失效评估方法研究[J].系统仿真学报,2008,30(2):116-126.

[7] 闫振华,王国强,苏丽达,等.非线性被动隔振器刚度特性研究[J].振动与冲击,2013,19:139-143.

[8] 陈安华,刘德顺,朱萍玉.被动隔振体的非线性振动分析[J].机械工程学报,2001(6):99-101.

[9] DeBra D. Vibration Isolation of Precision Machine Tools and Instruments[J]. Annals of the CIRP,1992,41(2):711-718.

[10] Zuo L. Element and System Design for Active and Passive Vibration Isolation[D]. Cambridge:Massachusetts Institute of Technology,2005:8-12.

[11] 孙红灵,张培强,张鲲.主动隔振与动力吸振器的联合减振研究[J].机械强度,2005(4):432-435.

[12] 张春良,陈子辰,梅德庆.双层主动隔振系统的动力学研究[J].中国机械工程,2003,14:68-71.

[13] 关新，王全武，郑钢铁飞轮拟主动隔振方法[J]．宇航学报，2010(7)：1870-1876.

[14] 陈绍青，王永．基于磁悬浮隔振器的主动隔振控制实验研究[J]．东南大学学报(自然科学版)，2010，40：61-66.

[15] 盛美萍，王敏庆，邢文华，等．单层隔振系统中弹性基座的振动与声辐射特性[J]．机械科学与技术，2000，S1：94-96.

[16] 魏强，朱英富，张国良．舰船基座上单层隔振装置能量流数值分析[J]．船舶工程，2004(3)：37-40.

[17] 严济宽．机械振动隔离技术[M]．上海：上海科学技术出版社，1998.

[18] Pan J，Pan J Q，Hansench Total Power flow from a vibrating rigid body to a thin Panel through multiple elastic mounts [J].Journal of Acoustic Society of America，1992，92(2)：895-900.

[19] 段小帅，梁青，陈绍青，等．双层隔振系统隔振效果评价与试验[J]．振动测试与诊断，2010(6)：694-697.

[20] 王光，董邦宜．小中间质量双层隔振试验研究[J]．噪声与振动控制，1989(4)：28-43.

[21] 张鲲，孙红灵，陈海波，等．带有动力吸振器的浮筏隔振系统的功率流传递特性分析[J]．中国科学技术大学学报，2007(1)：13-19.

[22] 沈荣瀛．船舶轮机振动噪声控制综述[J]．机电设备，1999(3)：22-25.

[23] 崔维成，刘水庚，顾继红，等．国外潜艇设计和性能研究的一些新动态[J]．船舶力学，2000，4(2)：65-80.

[24] 温华兵，王国治．带有浮筏隔振系统的船舶结构冲击响应的数值模拟[J]．华东船舶工业学院学报(自然科学版)，2003(5)：1-5.

[25] 陈国涛."惯容器—弹簧—阻尼"悬架系统网络综合与分析研究[D]．镇江：江苏大学，2012.

[26] 左鹤声．机械阻抗方法和应用[M]．北京：机械工业出版社，1987.

[27] Smith M C. Synthesis of mechanical networks：The inerter[J]. Automatic Control, IEEE Transactions on, 2002, 47 (10)：1648-1662.

[28] Smith M C, Wang F C. Performance benefits in passive vehicle suspensions employing inerters[J]. Vehicle System Dynamics, 2004, 42(4)：235-257.

[29] Christakis P, Smith M C. Laboratory experimental testing of inerter[C]. Proceedings of the 44th IEEE Conference on Decision and Control and European Control Conference. Seville, Spain：IEEE, 2005：3351-3356.

[30] Christos P, Houghton N E, Smith M C. Experimental testing and analysis of inerter devices[J]. Journal of Dynamic Systems, Measurement, and Control, 2009, 131(1)：011001-1-011001-11.

[31] Christakis P, Smith M C. Positive real synthesis using matrix inequalities for mechanical networks：application to vehicle suspension[J]. IEEE Transactions on Control System Technology, 2006, 14(3)：423-434.

[32] Jiang J Z, Matamoros-Sanchez A Z, Goodall R M, et al. Passive suspensions incorporating inerters for railway vehicle [J]. Vehicle System Dynamics, 2012, 50(S1)：263-276.

[33] Chen M Z Q, Smith M C. Restricted complexity network realizations for passive mechanical control[J]. IEEE Transactions on Automatic Control, 2009, 54(10)：2290-2301.

[34] Jiang J Z, Smith M C. Regular positive-real functions and five-element network synthesis for electrical and mechanical networks[J]. IEEE Transactions on Automatic Control, 2011, 56(6)：1275-1290.

[35] Jiang J Z, Smith M C. Synthesis of positive-real functions with low-complexity series-parallel networks[C].Proceedings of the 44th IEEE Conference on Decision and Control and 28th Chinese Control Conference. Shanghai, China, IEEE, 2009：7086-7091.

[36] Jiang J Z, Smith M C. On the classification of series-parallel electrical and mechanical networks[C].Proceedings of the 2010 American Control Conference. Baltimore, MD, US：American Automatic Control Council, 2010：1416-1421.

[37] Swift S J, Smith M C, Glover A R, et al. Design and modelling of a fluid inerter[J]. International Journal of Control, 2013, 86(11)：2035-2051.

[38] Wang F C, Yu C H, Chang M L, et al. The performance improvements of train suspension systems with inerters[C]. Proceedings of the 44th IEEE Conference on Decision and Control. San Diego, CA, US：IEEE Control Systems Society, 2006：1472-1477.

[39] Wang F C, Liao M K, Liao B H, et al. The improvements of train suspension systems with mechanical networks[J]. Vehicle System Dynamics, 2009, 47(7)：805-830.

[40] Wang F C, Liao M K. The lateral stability of train suspension systems employing inerters[J]. Vehicle System Dynamics, 2010, 48(5): 619-643.

[41] Wang F C, Hsieh M R, Chen H J. Stability and performance analysis of a full-train system with inerters[J]. Vehicle System Dynamics, 2012, 50(4): 545-571.

[42] Wang F C, Chen C W, Liao M K et al. Performance analyses of building suspension control with inerters[C].Proceedings of the 44th IEEE Conference on Decision and Control. New Orleans, Louisiana, US: IEEE, 2007: 3786-3791.

[43] Wang F C, Hong M F, Chen C W. Building suspension with inerters[J]. Proceedings of the Institution of Mechanical engineers, Part C: Journal of Mechanical Engineering Science, 2010, 224(8): 1605-1616.

[44] Wang F C, Su W J. Impact of inerter nonlinearities on vehicle suspension control[J]. International Journal of Vehicle Mechanics and Mobility,2008, 46: 575-595.

[45] Wang F C, Hong M F, Lin T C. Design and testing a hydraulic inerter[J]. Proceedings of the Institution of Mechanical Engineers, Part C: Journal of Mechanical Engineering Science, 2011, 225(1): 66-72.

[46] Chen Michael Z Q, Hu Yinlong, Huang Lixi,et al. Influence of inerter on natural frequencies of vibration systems[J]. Journal of Sound and Vibration,2014, 333(7):1874-1887.

[47] Hu Yinlong, Chen Michael Z Q. Passive vehicle suspensions employing inerters with multiple performance requirements [J]. Journal of Sound and Vibration,2014, 333(8):2212-2225.

[48] Hu Yinlong,Chen Michael Z Q,et al. Analysis and optimisation for inerter-based isolators via fixed-point theory and algebraic solution[J]. Journal of Sound and Vibration,2015, 346:17-36.

[49] Hu Yinlong,Chen Michael Z Q. Performance evaluation for inerter-based dynamic vibration absorbers[J]. International Journal of Mechanical Sciences,2015, 99:297-307.

[50] Chen Michael Z Q,Hu Yinlong,Li Chanying, et al. Application of Semi-Active Inerter in Semi-Active Suspensions Via Force Tracking[J]. Journal of Vibration and Acoustics,2016, 138(4): 041014.

[51] Hu Yinlong,Chen Michael Z Q,et al. Semiactive Inerter and Its Application in Adaptive Tuned Vibration Absorbers[J]. IEEE Transactions on Control Systems Technology,2016:1-7.

[52] Jina Xiaoling,Chen Michael Z Q,Huanga Zhilong. Minimization of the beam response using inerter-based passive vibration control configurations[J]. International Journal of Mechanical Sciences,2016, 119: 80-87.

[53] 陈龙, 张孝良, 汪若尘. 应用惯性蓄能器的车辆悬架:ZL200810123830. 8. [P]. 2008-12-24.

[54] 江浩斌, 胡贝, 聂佳梅,等. 含惯容器的剪式座椅悬架动态特性研究[J]. 车辆与动力技术,2013(4): 11-16.

[55] 张孝良, 陈龙, 聂佳梅,等. 2级串联型ISD悬架频响特性分析与试验[J]. 江苏大学学报(自然科学版),2012, 33(3): 255-258.

[56] 陈龙, 沈钰杰, 杨晓峰. 基于惯容器-弹簧结构体系的车辆悬架结构设计与试验[J]. 振动与冲击,2014, 33(22): 3-87.

[57] 孙晓强, 陈龙, 张孝良,等. 基于ADAMS的滚珠丝杠式ISD悬架平顺性仿真研究[J]. 车辆与动力技术,2012(2): 1-4.

[58] 聂佳梅, 张孝良, 江浩斌,等. 惯容器模型结构探索[J]. 机械设计与研究,2012, 28(1):28-32.

[59] 陈龙, 杨晓峰, 汪若尘,等. 基于二元件ISD结构隔振机理的车辆被动悬架设计与性能研究[J]. 振动与冲击, 2013, 32(6): 90-95.

[60] 张孝良, 聂佳梅, 袁朝春,等. 理想天棚阻尼的被动实现方法[J]. 北京理工大学学报,2014, 34(1): 22-26.

[61] 陈龙, 张孝良, 聂佳梅,等. 一种被动天棚和地棚阻尼隔振系统:102494071A[P]. 2013-12-11.

[62] 孙晓强, 陈龙, 汪少华,等. 滚珠丝杠式惯容器非线性建模与参数辨识[J]. 振动、测试与诊断,2016, 36(2): 329-334.

[63] 陈龙, 任皓, 汪若尘,等. 液力式惯容器力学性能仿真与试验研究[J]. 振动与冲击,2014, 33(12): 87-92.

[64] 孙晓强, 陈龙, 汪若尘,等. 滚珠丝杠式惯容器试验及力学性能预测[J]. 振动与冲击,2014, 33(14): 61-65, 83.

[65] 张孝良, 聂佳梅. 摩擦力对滚珠丝杠惯容器频响特性的影响[J]. 机械科学与技术,2015, 33(5): 770-774.

[66] 张孝良, 张华新, 蒋涛. 惯容与阻尼串联式ISD悬架实车道路试验[J]. 汽车工程,2016, 38(11): 1391-1395.

第 2 章　惯容器动力学特性与模型探索

用机电类比的方法来分析机械振动十分有效,这是由于电气运动过程与机械运动过程在形式上十分类似,在机械网络中,质量元件对应于接地的电容元件。这是由于质量元件不是一种两个端点的元件,因此,传统机电类比中电容元件一直得不到准确的对应。惯性是质量的表现形式,利用惯性去代替质量,由此提出了惯容器的概念,其本质特征是一个两个端点的控制机械力的元件。由于其一个端点可以与另一个端点做相对运动,因此机械网络和电力网络便得到了准确的对应关系[1]。

2.1　惯容器动力学特性

2.1.1　含惯容器的机电类比关系

在传统的第一类机电类比中,力与电压类比,速度与电流类比,从而建立起相应的类比关系。然而,这种类比的缺点是:第一,不够直观,以跨越电元件的交变电压来模拟通过机械元件的交变力,以通过电元件的电流来模拟跨越机械元件的速度,这种模拟完全是数学上的相似;第二,会导致结果非常复杂,这是由于机械系统的并联,使每一个节点将与相似电系统的回路相对应。

第二类机电类比与第一类机电类比的不同点:机械元件的力来对应通过电力元件的电流,同时,以机械元件二端速度之差来对应电力元件两端电压的差。在第二类机电类比中,质量 m 相当于电容 C,但这种机电类比中的质量元件作为两端元件处理时,其一端必须接地。因此,质量 m 只能对应接地的电容 C,从而限制了传统机械系统中阻抗特性和导纳特性的应用。

如表 2.1.1 所列,惯容器的引入解决了上述问题,惯容器是一种具有两个独立、自由端点的元件,实现了机械网络和电力网络的严格对应。惯容器利用了某种中间机构(如质量或飞轮)产生的惯性并且将线性运动转化为某种惯性放大(如旋转)运动,本质上是一种力放大的机械结构。两个独立、自由的端点是惯容器区别于质量元件最根本的特点,因此,在第二类机电模拟中,惯容器 b 完全对应于电容 C。

2.1.2　含惯容器的机械阻抗理论

根据文献[2]所述,稳定的、定常的、线性振动系统的机械阻抗,即等于简谐激励与其所引起的稳态响应的复数比或复幅值之比。假设系统的激振力为

$$f = F\mathrm{e}^{\mathrm{j}(\omega t+\varphi_1)} \tag{2.1.1}$$

其稳态响应为

$$x = X\mathrm{e}^{\mathrm{j}(\omega t+\varphi_2)} \tag{2.1.2}$$

表 2.1.1　机电类比

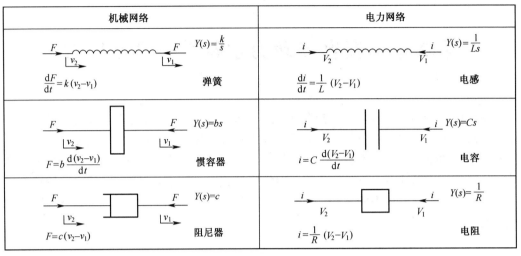

机械网络	电力网络
$\dfrac{\mathrm{d}F}{\mathrm{d}t}=k(v_2-v_1)$　弹簧　$Y(s)=\dfrac{k}{s}$	$\dfrac{\mathrm{d}i}{\mathrm{d}t}=\dfrac{1}{L}(V_2-V_1)$　电感　$Y(s)=\dfrac{1}{Ls}$
$F=b\dfrac{\mathrm{d}(v_2-v_1)}{\mathrm{d}t}$　惯容器　$Y(s)=bs$	$i=C\dfrac{\mathrm{d}(V_2-V_1)}{\mathrm{d}t}$　电容　$Y(s)=Cs$
$F=c(v_2-v_1)$　阻尼器　$Y(s)=c$	$i=\dfrac{1}{R}(V_2-V_1)$　电阻　$Y(s)=\dfrac{1}{R}$

则该系统的机械阻抗为

$$Z=\frac{F}{X}\mathrm{e}^{\mathrm{j}(\varphi_1-\varphi_2)} \tag{2.1.3}$$

其幅值 $|Z|=F/X$,相位角 $\angle Z=\varphi_1-\varphi_2$。

根据文献[3]所述,由于惯容器是一种理想的两端点元件,使机械网络与电力网络完全对应,将惯容器引入复杂的机械振动系统来近似表明该振动系统的惯性、阻尼特性和弹力特性,其中惯容器惯质系数为 b ,弹簧刚度为 k ,阻尼系数为 c ,三者的动力学方程及对应的拉普拉斯变换分别为

$$f=b\frac{\mathrm{d}(v_2-v_1)}{\mathrm{d}t}\Rightarrow Y(s)=\frac{F}{V_2-V_1}=bs \tag{2.1.4}$$

$$\frac{\mathrm{d}f}{\mathrm{d}t}=k(v_2-v_1)\Rightarrow Y(s)=\frac{F}{V_2-V_1}=\frac{k}{s} \tag{2.1.5}$$

$$f=c(v_2-v_1)\Rightarrow Y(s)=\frac{F}{V_2-V_1}=c \tag{2.1.6}$$

式中: f 为机械元件两个端点之间的力; s 为拉普拉斯算子。

下面根据机电类比的方法针对不同的机械结构推导其速度机械阻抗:

如图 2.1.1(a)所示,传统弹簧阻尼系统采用惯容器和阻尼器并联,理论上可以减缓低频振动幅值,根据三种元件的速度阻抗及阻抗特性,对应的速度机械阻抗为

$$Z(s)=\frac{k}{s}+c \tag{2.1.7}$$

如图 2.1.1(b)所示经过试验表明,结构不能正常工作,其原因是在静力作用下惯容器很容易失去行程,对应的速度机械阻抗为

$$Z(s)=\frac{k}{s}+bs \tag{2.1.8}$$

为了发挥惯容器的作用,必须在惯容器两端并联一个弹簧,也就是如图 2.1.1(c)所示的系统,根据三种元件的速度阻抗及阻抗特性,对应的速度机械阻抗为

$$Z(s) = bs + c + \frac{k}{s} \tag{2.1.9}$$

如图 2.1.1(d)所示,前三种系统串联起来的二级系统,其速度阻抗为

$$Z(s) = \cfrac{1}{\cfrac{1}{\cfrac{k_1}{s} + c_1} + \cfrac{1}{\cfrac{k_2}{s} + bs}} = \frac{(bs^2 + k_2)(c_1 s + k_1)}{s(bs^2 + c_1 s + k_1 + k_2)} \tag{2.1.10}$$

如图 2.1.1(e)所示,前三种系统串联起来的二级系统,其速度阻抗为

$$Z(s) = \cfrac{1}{\cfrac{1}{\cfrac{k_1}{s} + c_1} + \cfrac{1}{\cfrac{k_2}{s} + bs + c_2}} = \frac{k_2 s + bs^3 + c_2 s^2 + k_1 s + c_1 s^2}{(c_1 s + k_1)(bs^2 + c_2 s + k_2)} \tag{2.1.11}$$

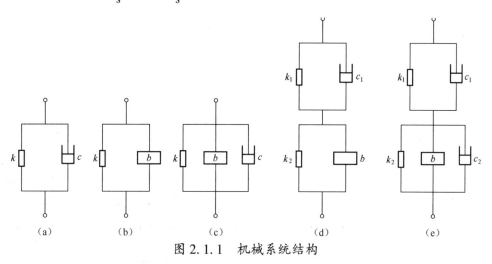

图 2.1.1　机械系统结构

2.2　机械式平动惯容器

2001 年,Smith 最初提出的惯容器模型就是机械式惯容器,即齿轮齿条式惯容器和滚珠丝杠式惯容器,这两种惯容器也是最基本的机械式惯容器,后来发展的一些惯容器,如惯质系数可调式惯容器都是以这两种惯容器为基础设计的。

机械式平动式惯容器是一种二端点元件,两个自由端点的线性运动可以转换成某种机构(如飞轮)的旋转运动,因此惯容器可以将外力所做的线性的功大部分转化成飞轮的旋转动能[4],同时,还有一部分能量转化为飞轮平动动能和摩擦损失掉的能量。经振动冲击试验表明,几千克的惯性飞轮旋转所吸收的能量等效于几百千克甚至几吨的质量平动所吸收的能量。从能量的角度去设计惯容器装置,主要考虑飞轮旋转的能量。以下是位移式惯容器的几种主要实现装置。

2.2.1　齿轮齿条惯容器

齿轮齿条式惯容器结构如图 2.2.1 所示,当方向相反、数值相等力作用于 a、b 两个端点

时,端点 a 相对于端点 b 做直线运动,使齿条和与齿条相连接的小齿轮产生相对位移,驱动飞轮的旋转,并通过大小齿轮合适的传动比,对飞轮进行加速。当齿轮齿条式惯容器处于高频高速的状态时,会出现卡齿以及磨损的情况,限制了齿轮齿条式惯容器具体的应用。

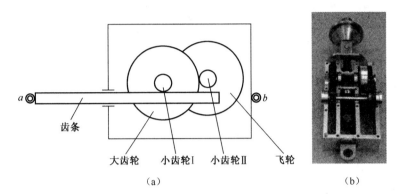

图 2.2.1　齿轮齿条式惯容器
(a)结构;(b)实物。

图 2.2.1 所示的齿轮齿条式惯容器惯质系数为

$$b_{\mathrm{rp}} = J_1 \left(\frac{r}{r_{\mathrm{I}} \cdot r_{\mathrm{II}}} \right)^2 \tag{2.2.1}$$

式中:J_1 为飞轮围绕其中心的转动惯量;r 为大齿轮的节圆半径;r_{I} 为小齿轮 I 的节圆半径;r_{II} 为小齿轮 II 的节圆半径。

图 2.2.1 是一种基本的齿轮齿条式惯容器,其惯质系数固定,但如果将飞轮或齿轮齿条机构做出适当改变,即可调节惯质系数文献[5]中提及的可变惯质系数的齿轮齿条式惯容器,在惯容器的飞轮上开出导槽,嵌套配置可在导槽内自由径向运动的质量块,并在飞轮轴心处安置磁性套圈,可在静止时吸附质量块于飞轮轴心附近。当一对外力相对作用于惯容器的两个端点时,离心力使质量块径向运动,实现惯质系数随运动状态而改变。

2.2.2　滚珠丝杠式惯容器

滚珠丝杠式惯容器的结构如图 2.2.2 所示。其工作原理:作用于 a、b 两个端点时,端点 a 相对于端点 b 做直线运动,使丝杠和螺母产生相对移动,a、b 两个端点的直线运动通过滚珠丝杠副转化为丝杠和飞轮的旋转运动。

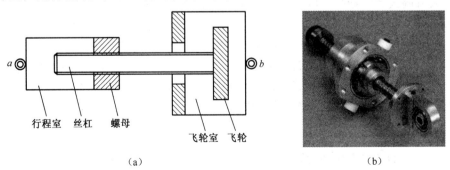

图 2.2.2　滚珠丝杠式惯容器
(a)结构;(b)实物。

图 2.2.2 所示的滚珠丝杠式惯容器的惯质系数为

$$b_{\mathrm{bs}} = J_2 \left(\frac{2\pi}{p} \right)^2 \qquad (2.2.2)$$

式中：J_2 为飞轮围绕其中心的转动惯量；p 为滚珠丝杠副的导程。

上述滚珠丝杠式惯容器为丝杠带动飞轮转动的惯容器，在此，本书设计了一套螺母带动飞轮转动的滚珠丝杠式惯容器装置，如图 2.2.3 所示，滚珠丝杠采用高碳铬轴承钢 GCr15，丝杠的一端通过螺纹与设备连接，另一端旋装入丝杠螺母，使丝杠与螺母装配为螺旋运动副，即螺母通过旋转才能与丝杠发生轴向位移。螺母的外圆自上而下依次套装套筒、轴承和飞轮。止推套筒为圆环状结构，材料为碳钢，壁厚为 3~5mm，内径比丝杠螺母光滑圆柱端结构外径略小，通过过盈连接安装在丝杠螺母的外侧，其两端分别与螺母的凸台结构下沿及滚珠轴承接触，从而在轴向对滚珠轴承进行限位。滚珠轴承的内径略小于螺母圆柱端外径，通过过盈装配套在螺母的光滑圆柱结构外侧。滚珠轴承在轴向分别通过止推套筒进行限位。

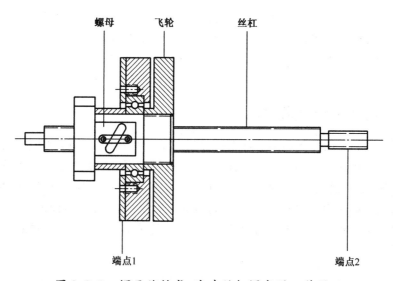

图 2.2.3　螺母旋转式、滚珠丝杠惯容器工作原理

飞轮的材料为碳钢，加工成扁平的圆盘状，在其中心的通孔处加工内螺纹，通过内螺纹与螺母的螺纹结构连接，并拧紧到一定的预应力。飞轮在轴向与滚珠轴承之间保留 3~5mm 的间隙，以便飞轮旋转时不与滚珠轴承碰撞。滚珠丝杠副通过螺母的旋转导致在丝杠的线性运动，带动螺母和具有大转动惯量的飞轮做旋转运动，使设备振动的能量转化成螺母和飞轮的旋转动能（主要转化成飞轮的动能）。设计时，为了防止飞轮在转速较大时脱落，可以在飞轮上设计锁紧机构。

基于螺母带动飞轮转动的滚珠丝杠式惯容器装置，本书又设计了一种惯质系数可调的滚珠丝杠式惯容器，如图 2.2.4 所示，丝杠整体设有用于安置滚珠的螺纹，并且通过滚珠穿插于飞轮（螺母）中，飞轮（螺母）上设有若干个摆杆，摆杆末端连接有飞重，摆杆与飞轮（螺母）之间设有拉升弹簧，通过将现有螺母带动飞轮转动的滚珠丝杠式惯容器装置中恒定转动惯量的飞轮（螺母）加装上可以调节转动惯量的飞重，通过离心力改变飞重向外摆出幅度,调节整体惯容器的转动惯量,从而达到调节惯质系数的目的。

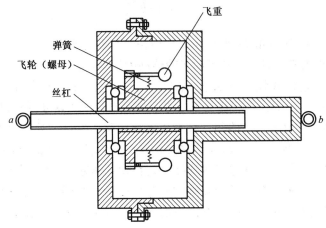

图 2.2.4　惯质系数可调的滚珠丝杠式惯容器结构

　　滚珠丝杠式惯容器作为一种工程中研究较多的惯容器,其调节惯质系数的方式远不止在飞轮外附加活动飞重这一种方法,还有其他方式改变惯质系数,如通过改变丝杠螺距改变惯质系数[6],通过控制电源产生的电流的大小和方向来抑制或加速飞轮旋转[7],从而改变惯质系数。

2.2.3　位移放大式惯容器

　　将线性运动转化为旋转运动的基本机械装置主要有两种:一种是齿轮齿条式机械装置或滚珠丝杠式机械装置;另一种为曲柄摇杆式机械装置。曲柄摇杆式机械装置虽然能将线性运动转化为旋转运动,但会导致额外的振动,不可控制的因素较多。齿轮齿条式机械装置会导致高频失稳的现象,这可以通过放大线性位移的方式进行改善。

　　本书设计了一种位移放大式惯容器,其工作原理:如图 2.2.5 所示,对惯容器 A 点施

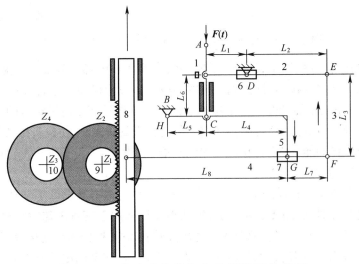

图 2.2.5　差动式位移放大式惯容器结构图

14

加一个作用力 F,输入位移通过杠杆的二级放大输出位移,从而使齿条的线性位移足够大并且能够使惯容器发生作用。这种结构适用于振动微小的设备,如电机的振动。但是这种结构有一定的缺陷,杠杆式的结构本身存在振动问题等。

根据图 2.2.5 所设计的位移放大机构可知,杠杆 8 的理论放大倍数为 $\dfrac{L_2 L_8}{L_1 L_7} + \dfrac{L_7 + L_8}{L_7} \dfrac{L_4 + L_5}{L_5}$。

2.3 流体式平动惯容器

自从 Smith 提出基本的滚珠丝杠式惯容器和齿轮齿条式惯容器后,几年后又提出利用液压机构实现惯容器功能,台湾大学王富正教授、江苏大学陈龙教授也相继提出各种各样的流体式惯容器[8-10]。

本节主要介绍液压马达式惯容器、液力发生器式惯容器以及液力式惯容器,这三种惯容器是实现其他种类流体式惯容器的基础,尤其是实现惯质系数可调的流体式惯容器设计基础。

2.3.1 液压马达式惯容器

如图 2.3.1 所示,液压马达式惯容器通过液压活塞推动液体运动,推动液压马达的运转,最终带动飞轮的转动,实现了惯性的封装。

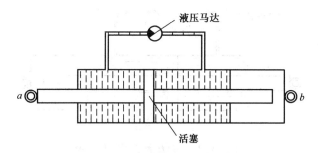

图 2.3.1 液压马达式惯容器结构

图 2.3.1 所示的液压马达式惯容器惯质系数为

$$b_{hm} = \frac{A^2 J_3 \eta_V}{K^2 \eta_m} \tag{2.3.1}$$

式中:A 为活塞截面积;K 为液压马达流量与角速度之比;J_3 为飞轮的转动惯量;η_V 为液压马达的容积效率;η_m 为液压马达的机械效率。

2.3.2 液力发生器式惯容器

液力发生器式惯容器由液力发生器加质量块构成,如图 2.3.2 所示。其工作原理:当数值相等、方向相反的力作用于液力发生器式惯容器的两个端点时,端点 a 相对于端点 b 做相对线性运动,使活塞杆推动大活塞移动,从而通过液体的传动从而推动小活塞移动,由此推动质量块平动,使液力发生器惯容器运行。

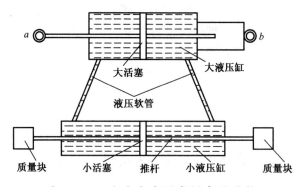

图 2.3.2　液力发生器式惯容器结构

图 2.3.2 所示的液力发生器式惯容器惯质系数为

$$b_{hg} = m_4 \frac{A_b}{A_s} \qquad (2.3.2)$$

式中：m_4 为质量块的质量；A_b 为大活塞的截面积；A_s 为小活塞的截面积。

2.3.3　液力式惯容器

液力式惯容器是一种以在细长管中流动的流体取代机械飞轮装置作为惯性机构的惯容器[11]。如图 2.3.3 所示，当两个端点 a、b 相对运动时，活塞推动液体在螺旋细管中流动，从而产生惯性效应，实现了对液体流动惯性的封装。

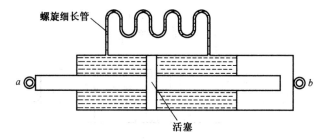

图 2.3.3　液力式惯容器结构

图 2.3.3 所示的液力式惯容器惯质系数为

$$b_{lf} = \rho l A_l \left(\frac{A_p}{A_l} \right)^2 \qquad (2.3.3)$$

式中：ρ 为液体密度；l 为螺旋细管的长度积；A_l 为螺旋细管的截面积；A_p 为活塞的截面积。

2.4　扭转式惯容器

2.4.1　扭转式惯容器的定义与原理

与上述平动元件不同，如图 2.4.1 所示的扭转式惯容器是通过转动质量来实现的，为了在机械网络和电力网络建立起这种对应关系，这种同扭转弹簧和扭转阻尼器一样具有

两个自由端点的一种类似惯容器的元件,其动态方程为

$$\tau = b_\theta \frac{\mathrm{d}(\omega_2 - \omega_1)}{\mathrm{d}t} = b_\theta(\alpha_2 - \alpha_1) \qquad (2.4.1)$$

式中:τ 为施加于扭转式惯容器两端点上数值相等、方向相反的转矩;b_θ 为扭转惯质系数($\mathrm{kg} \cdot \mathrm{m}^2$);$\omega$ 为端点角加速度;α 为端点角加速度。

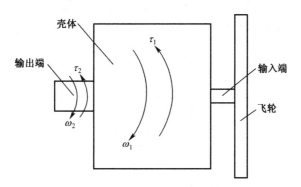

图 2.4.1　扭转式惯容器工作原理

将满足式(2.4.1)的具有两个自由端点的元件称为扭转式惯容器。

2.4.2　两种典型扭转式惯容器

少齿差行星齿轮扭转式惯容器和摆线钢球扭转式惯容器分别如图 2.4.2 和图 2.4.3 所示[12]。当等大、反向的转矩 τ 作用于壳体和转轴时,转轴相对于壳体产生角位移,惯容器的传动机构开始工作,最终驱动飞轮旋转,实现整体封装。

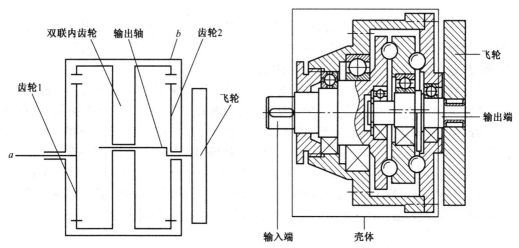

图 2.4.2　少齿差行星齿轮扭转式惯容器　　图 2.4.3　摆线钢球扭转式惯容器

2.5　惯容器的本质

如图 2.5.1 所示,综合上述各种实现装置,所有惯容器都具有三个共同的特点:第一,

利用了力放大的机械结构,如齿轮齿条传动机构、滚珠丝杠传动机构等;第二,利用了质量或飞轮等的惯性,将一种能量形式转化为另一种能量形式,如滚珠丝杠式惯容器和齿轮齿条式惯容器将线性运动产生的能量转化为飞轮旋转动能;第三,惯容器的基本特征是具有两个可以产生相对运动的自由端点,无论是平动式惯容器(两个相对运动端点)还是扭转式惯容器(输入、输出端)。这三个特点构成了惯容器装置的本质特征,即具有两个独立、自由的端点并且能够放大质量或飞轮惯性,这也是惯容器装置的基本设计原理。惯容器装置实际上就是封装中介惯性(如飞轮)的容器,这也是将"Inerter"译成"惯容器"的原因。

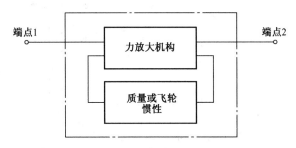

图 2.5.1 惯容减振器结构

随着技术的进步,惯容器的种类也不再仅仅局限于上述种类,出现了主动控制式、半主动控制式以及机电一体式惯容器[13-17],但是不管惯容器的实现形式如何变化,都离不开其惯性放大、储存并且转化能量的本质属性。

2.6 本章小结

本章主要介绍了惯容器的动力学特性、惯容器的几种典型模型,并且基于最基本的惯容器模型设计了一些其他惯容器,最终揭示了惯容器本质。所设计的惯容器,不但克服了惯容器理论模型中的一些缺陷,而且更加接近工程实际。

基于机电类比中的缺陷,介绍惯容器的由来及动力学特性,提供了惯容器与弹簧、阻尼元件构成串、并联结构的动力学阻抗表达式,为惯容器在工程中的应用提供了理论指导;围绕惯容器最基本的两种模型在应用中出现的问题,提出了位移放大式惯容器,并且推导了具体的惯质系数;基于丝杠旋转式滚珠丝杠惯容器理论模型,提供并且详细设计了一种螺母旋转式滚珠丝杠惯容器见图 2.2.3,基于此种惯容器,提出了一种惯质系数可调的滚珠丝杠惯容器模型,更加有利于惯容器的应用推广;同时还简单介绍了流体式平动惯容器和扭转式惯容器;最后,基于上述各种模型得到了惯容器的本质特性。

参考文献

[1] 陈永校,诸自强. 电机振动分析中的机电类比[J]. 电机技术,1985(3):29-32.

[2] 左鹤声. 机械阻抗方法和应用[M]. 北京:机械工业出版社,1987.

[3] 陈国涛,陈龙,张孝良,等. "惯容器–弹簧–阻尼"悬架系统正实综合研究[J]. 机械设计与制造,2012,4:116-119.

［4］孙泽宇.液压惯容器设计及其与悬架匹配研究［D］.镇江:江苏大学, 2013.

［5］陈龙, 杨晓峰, 张孝良, 等. 可变惯质系数的齿轮齿条式惯容器装置:CN201110295740. 9［P］. 2011-10-08.

［6］陈龙, 曹丙坤, 张孝良. 机械可变惯质系数的滚珠丝杠式惯容器:CN201410650452. 4［P］. 2014-11-14.

［7］路永婕, 张俊宁, 杨绍普, 等. 惯质系数可调的惯容器:CN201510285877. 4［P］. 2015-10-28.

［8］Shen Yujie,Chen Long,Liu Yanling, et al. Modeling and Optimization of Vehicle SuspensionEmploying a Nonlinear Fluid Inerter［J］. Shock and Vibration, 2016.

［9］Wang F C,Hong M F,Lin T C. Design and testing a hydraulic inerter, Proceedings of the Institution of Mechanical Engineers［J］.Part C: Journal of Mechanical Engineering Science, 2011, 225(C1): 66-72.

［10］陈龙, 张孝良, 聂佳梅, 等. 液力惯容器装置:中国,CN201010510953. 4［P］. 2011-02-16.

［11］毛明, 王乐, 陈轶杰, 等. 惯容器及惯容器-弹簧-阻尼器悬架研究进展［J］. 兵工学报, 2016, 37(3): 525-534. ·

［12］聂佳梅, 张孝良, 江浩斌, 等. 惯容器模型结构探索［J］. 机械设计与研究, 2012, 28(1): 29-32.

［13］葛正, 王维锐. 主动控制式惯容器:CN201610100491. 6［P］. 2016-02-24.

［14］王维锐, 葛正, 余鹏, 等. 惯质系数主动可控的液压惯容器:CN201420851269. 6［P］. 2015-06-24.

［15］刘耀宗, 申硕, 朱鼎枭, 等. 一种一体化的丝杠机电惯容器:CN201510461811. 6［P］. 2015-11-11.

［16］刘耀宗, 申硕, 朱鼎枭, 等. 一种一体化的双转子丝杠机电惯容器:CN201510461809. 9［P］. 2015-11-11.

［17］Michael Z. Q. Chen,Hu Yinlong,Li Chanying, et al. Application of Semi-ActiveInerter in Semi-ActiveSuspensions Via Force Tracking［J］. Journal of Vibration and Acoustics, 2016, 138(4): 041014-01- 041014-11.

第3章 含惯容器的单层隔振系统动态性能分析

随着隔振技术的不断发展,新兴隔振技术不断涌现,而单层隔振作为一种较为传统的隔振手段,仍然在工程中应用中占有一席之地。传统的单层隔振系统由质量、弹性元件以及阻尼元件组成,即MCK系统,单层隔振系统发展到今天已经非常成熟,在单层隔振系统本身进行技术革新已经非常困难,所以必须另辟蹊径,寻找新技术,以丰富单层隔振技术理论体系。

自Smith提出的惯容器被世界各国学者所关注后,将惯容器应用于单层隔振系统成了单层隔振技术发展的新方向。陈志强教授[1]深入研究了惯容器对隔振系统固有频率的影响,本章通过理想惯容器动力学和ISD隔振系统阻抗特性的研究,推导了单层ISD隔振系统的振动传递率,并从理论和实验角度探讨了惯容器对单层隔振系统的影响。

3.1 ISD 隔振系统的阻抗特性

ISD隔振系统如图3.1.1所示[2-7],根据Smith所提的机电相似理论,构成ISD隔振系统的基本元件有惯容器、弹性元件和阻尼元件,它们分别对应电容、电感和电阻。类比电学元件特性可知,"通低频,阻高频"是电感元件也是弹簧元件的特点,"通高频,阻低频"是电容元件也是惯容器元件的特点[8]。

如图3.1.1(a)所示,传统弹簧阻尼系统对低频振动的隔振效果不理想。如图3.1.1(b)所示,Ⅰ型ISD隔振系统采用惯容器和阻尼器并联,理论上可以减缓低频振动幅值,考虑位移阻抗及阻抗特性对三种元件的影响,对应的位移机械阻抗为

$$Z(s) = bs^2 + cs \tag{3.1.1}$$

式中:b为惯容器的惯质系数;c为阻尼器的阻尼系数。

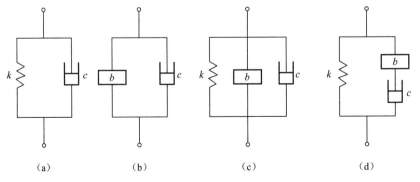

图 3.1.1 机械隔振系统结构简图

(a)弹簧阻尼;(b)Ⅰ型ISD;(c)Ⅱ型ISD;(d)Ⅲ型ISD。

然而,这种结果经过实验证明效果不佳,这是由于在静力作用下惯容器很容易失去行程。因此,在惯容器两端并联一个弹簧,如图 3.1.1(c)所示第Ⅱ型 ISD 隔振系统,根据三种元件的位移阻抗,这种结构可以发挥惯容器的作用,对应的位移机械阻抗为

$$Z(s) = bs^2 + cs + k \tag{3.1.2}$$

式中:k 为弹簧的刚度。

或者将惯容器和阻尼器串联起来,并与弹簧并联,如图 3.1.1(d)所示第Ⅲ型 ISD 隔振系统。根据三种元件的位移阻抗及阻抗特性,对应的位移机械阻抗为

$$Z(s) = \frac{bcs^2}{c + bs} + k \tag{3.1.3}$$

3.2 惯容器对隔振系统动态特性的影响

3.2.1 惯容器并联系统

如图 3.2.1 所示,Ⅱ型 ISD 隔振系统中,参振质量 m 的位移为 x,在忽略不计阻尼时,系统的运动微分方程为

$$(m + b)\ddot{x} + kx = 0 \tag{3.2.1}$$

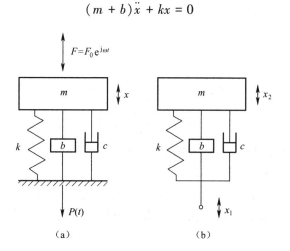

图 3.2.1　Ⅱ型 ISD 隔振系统

(a)主动隔振;(b)被动隔振。

则Ⅱ型 ISD 隔振系统的固有频率为

$$\omega_n' = \sqrt{\frac{k}{m + b}} \tag{3.2.2}$$

当无惯容器($b = 0$)时,$\omega_n = \sqrt{k/m}$。相对于弹簧阻尼系统,惯容器相当于增加了隔振系统的参振质量,使其固有频率向低频方向移动,当惯质系数越大时,共振频率向低频移动越明显。

在考虑系统阻尼和惯容器时,即惯容器、弹簧和阻尼器并联在一起时(Ⅱ型 ISD 隔振系统),隔振系统的运动微分方程为

$$m\ddot{x} + b\ddot{x} + c\dot{x} + kx = F_0 e^{j\omega t} \tag{3.2.3}$$

对式(3.2.3)进行拉普拉斯变换,可得

$$(ms^2 + bs^2 + cs + k)x(s) = F_0 e^{j\omega t} \tag{3.2.4}$$

令 $\omega_n = \sqrt{k/m}$,$2\xi\omega_n = c/m$(其中 ξ 为阻尼比),则有

$$x = \frac{F_0}{k} \frac{1}{\sqrt{\left(1 - \dfrac{m+b}{m}\overline{\omega}^2\right)^2 + 4\xi^2\overline{\omega}^2}} e^{j(\omega t - \varphi)} \tag{3.2.5}$$

式中取 $s = j\omega$,ω 为振源的圆频率,定义归一化频率 $\overline{\omega} = \omega/\omega_n$,则 $\varphi = \arctan$

$\dfrac{2\xi\overline{\omega}}{1 - \dfrac{m+b}{m}\overline{\omega}^2}$。

是传递的干扰力相对外力的相位差。有阻尼和惯容器时,阻尼元件的传递力为 $c\dot{x}$,惯容器的传递力为 $b\ddot{x}$,通过隔振系统传递的干扰力为 $P = b\ddot{x} + c\dot{x} + kx$。在稳定情况下,有

$$P = \frac{F_0/k}{\sqrt{\left(1 - \dfrac{m+b}{m}\overline{\omega}^2\right)^2 + (2\xi\overline{\omega})^2}} \cdot (k e^{j(\omega t - \varphi)} - b\omega^2 e^{j(\omega t - \varphi)} + j\omega c e^{j(\omega t - \varphi)})$$

$$\tag{3.2.6}$$

则干扰力的幅值为

$$P_0 = \frac{F_0}{k} \cdot \frac{\sqrt{(k - b\omega^2)^2 + (\omega c)^2}}{\sqrt{\left(1 - \dfrac{m+b}{m}\overline{\omega}^2\right)^2 + (2\xi\overline{\omega})^2}} \tag{3.2.7}$$

对于如图 3.2.1(b)所示的 ISD 被动隔振系统,振源位移为 x_1,参振质量 m 的位移为 x_2。分析参振质量 m 的运动微分方程为

$$m\ddot{x}_2 + k(x_2 - x_1) + c(\dot{x}_2 - \dot{x}_1) + b(\ddot{x}_2 - \ddot{x}_1) = 0 \tag{3.2.8}$$

对式(3.2.8)进行拉普拉斯变换,在零初始条件下,得到振动位移 x_1 到 x_2 之间的位移传递率为

$$T = \frac{x_2}{x_1} = \frac{bs^2 + cs + k}{(m + b)s^2 + cs + k} \tag{3.2.9}$$

Ⅱ型 ISD 隔振系统的位移传递率为

$$T = \frac{x_2}{x_1} = \frac{\dfrac{b}{m}s^2 + 2\xi\omega_n s + \omega_n^2}{\left(1 + \dfrac{b}{m}\right)s^2 + 2\xi\omega_n s + \omega_n^2} \tag{3.2.10}$$

Ⅱ型 ISD 隔振系统的传递率可简化为

$$T = \frac{x_2}{x_1} = \frac{1 - \dfrac{b}{m}\overline{\omega}^2 + 2j\xi\overline{\omega}}{1 - \dfrac{b+m}{m}\overline{\omega}^2 + 2j\xi\overline{\omega}} \tag{3.2.11}$$

由式(3.2.7)和式(3.2.11)，Ⅱ型 ISD 隔振系统的主动隔振和被动隔振的振动传递率为

$$|T| = \left|\frac{P_0}{F_0}\right| = \left|\frac{x_2}{x_1}\right| = \sqrt{\frac{\left(1 - \dfrac{b}{m}\overline{\omega}^2\right)^2 + 4\xi^2\overline{\omega}^2}{\left(1 - \dfrac{b+m}{m}\overline{\omega}^2\right)^2 + 4\xi^2\overline{\omega}^2}} \qquad (3.2.12)$$

对式(3.2.12)进行分析，对于参振质量 m 和弹簧刚度 k 一定的振动系统：当 $\overline{\omega} < \sqrt{\dfrac{2m}{m+2b}}$ 时，传递率 $T>1$，振动系统不发生隔振作用，反而会使振动放大；当 $\overline{\omega} = \sqrt{\dfrac{2m}{m+2b}}$ 时，传递率 $T=1$，ISD 隔振系统不起隔振作用；当 $\overline{\omega} > \sqrt{\dfrac{2m}{m+2b}}$ 时，传递率 $T<1$，ISD 隔振系统起隔振作用。

当 $\overline{\omega} = \sqrt{\dfrac{m}{m+b}}$ 时，振动系统发生共振现象；当 $\overline{\omega} = \sqrt{\dfrac{m}{b}}$ 时，传递率达到最小值，此时Ⅱ型 ISD 隔振系统的减振效果最好；当 $\overline{\omega} > \sqrt{\dfrac{m}{b}}$ 时，传递率逐渐达到稳定状态，其稳定值趋于 $T = \dfrac{b}{m+b}$，此时惯质系数越小，稳定状态时传递率越小，减振效果越好。

Ⅱ型 ISD 隔振系统其惯质系数对传递率的影响如图 3.2.2~图 3.2.4 所示。相对于弹簧阻尼系统($b=0$)，Ⅱ型 ISD 隔振系统的共振频率朝低频方朝移动，当惯质系数越大时，共振频率朝低频移动越明显；在频率比大于 $\sqrt{\dfrac{m}{b}}$ 之后，随着频率比的增加，Ⅱ型 ISD 隔振系统的传递率趋于稳定，惯质系数越大，传递率的高频衰减反而下降。阻尼比对传递率的影响如图 3.2.4 所示，阻尼比可以在一定程度上抑制共振峰值，然而，过大的阻尼比也会抑制最佳减振效果。因此，对于 ISD 隔振系统，在引入惯容器后，可以选择惯容器而不是阻尼器来抑制共振峰值。

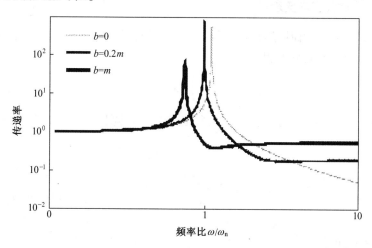

图 3.2.2　惯质系数对传递率的影响($\xi=0.2$)

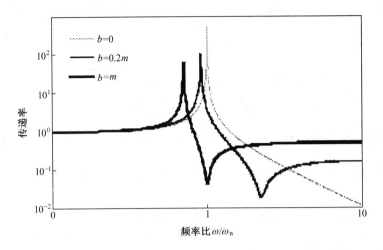

图 3.2.3 惯质系数对传递率的影响($\xi = 0.02$)

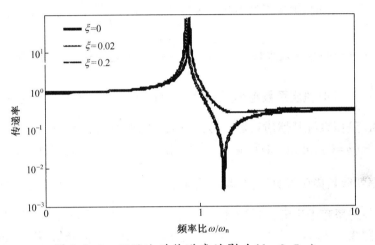

图 3.2.4 阻尼比对传递率的影响($b = 0.5m$)

3.2.2 惯容器串联系统

如图 3.2.5 所示,当惯容器与阻尼器串联,并与弹簧并联在一起时(Ⅲ型 ISD 隔振系统),隔振系统的运动微分方程为

$$\left(\frac{bcs^2}{c+bs} + k\right) \cdot x(s) = F_0 e^{j\omega t} \tag{3.2.13}$$

同理,令 $\omega_n = \sqrt{k/m}$,$2\xi\omega_n = c/m$,得到Ⅲ型 ISD 隔振系统的振动传递率为

$$|T| = \left|\frac{P_0}{F_0}\right| = \left|\frac{x_2}{x_1}\right| = \sqrt{\frac{\left(\frac{2\xi m}{b}\left(1 - \frac{b}{m}\overline{\omega}^2\right)\right)^2 + \overline{\omega}^2}{\left(\frac{2\xi m}{b}\left(1 - \frac{b+m}{m}\overline{\omega}^2\right)\right)^2 + \overline{\omega}^2(1 - \overline{\omega}^2)^2}} \tag{3.2.14}$$

令 $\frac{\xi m}{b} = N$,可得

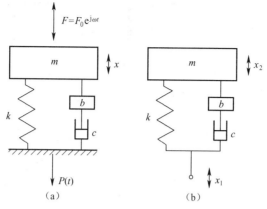

图 3.2.5 Ⅲ型 ISD 隔振系统

(a)主动隔振;(b)被动隔振。

$$|T| = \sqrt{\frac{\left(2N\left(1 - \frac{b}{m}\overline{\omega}^2\right)\right)^2 + \overline{\omega}^2}{\left(2N\left(1 - \frac{b+m}{m}\overline{\omega}^2\right)\right)^2 + \overline{\omega}^2\left(1 - \overline{\omega}^2\right)^2}} \qquad (3.2.15)$$

当 $N \to 0$ 时,有

$$\lim_{N \to 0}|T| = \left|\frac{1}{1 - \overline{\omega}^2}\right| \qquad (3.2.16)$$

当 $N \to \infty$ 时,有

$$\lim_{N \to \infty}|T| = \left|\frac{1 - \frac{b}{m}\overline{\omega}^2}{1 - \frac{m+b}{m}\overline{\omega}^2}\right| \qquad (3.2.17)$$

式(3.2.16)和式(3.2.17)的物理意义可以解释:当 $N \to 0$ 时,即阻尼值可以忽略不计,Ⅲ型 ISD 隔振系统相当于由一个惯容器和一个弹簧并联构成,其传递率特征与上面分析的Ⅱ型 ISD 隔振系统中 $c=0$ 时的情况相同;当 N 趋近于无穷大时,该系统近似于由一个弹簧和一个阻尼器构成,其传递率特征与上文所分析的Ⅱ型 ISD 隔振系统中 $b=0$ 的情况相同。

Ⅲ型 ISD 隔振系统的传递率特性如图 3.2.6 所示,其传递率的性质介于弹簧阻尼系统与一个惯容器和一个弹簧并联的隔振系统之间。当 $N \to 0$, $\overline{\omega} \to \infty$ 时,传递率逐渐达到稳定状态,其稳定值趋于 0;当 $N \to \infty$, $\overline{\omega} \to \infty$ 时,传递率逐渐达到稳定状态,其稳定值趋于 $T = b/(m + b)$。

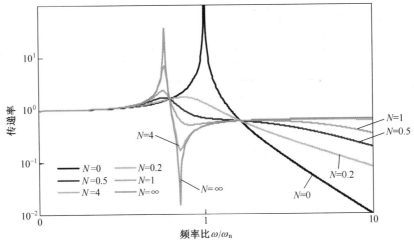

图 3.2.6　惯质系数对传递率的影响（$b/m=2$）

3.3　单层 ISD 隔振系统试验方法

3.3.1　振动试验系统与设备

为了研究惯容器对振动系统固有频率和减振效果的影响以及确定惯容器的惯质系数等,本试验设计了两种转动惯量惯性轮的滚珠丝杠式惯容器以及 ISD 隔振系统,其惯性轮的惯质系数理论值分别为 $b_1=30.6\text{kg}$、$b_2=42.9\text{kg}$,刚度 $k=16\text{kN/m}$,质量 $m=25\text{kg}$。在 ES－10－240 电动振动试验台上开展了 ISD 隔振系统的振动性能试验[9]。

如图 3.3.1 所示的试验结构,试验对象是基于电机的 Ⅱ 型 ISD 隔振系统,数据采集系

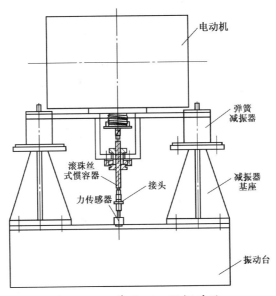

图 3.3.1　单层 ISD 隔振系统

统为 COINV 采集仪(图 3.3.2),其与电脑的连接(图 3.3.3),数据采集、信号处理软件如图 3.3.4 所示,电动振动试验台如图 3.3.5 所示。基于电机的Ⅱ型 ISD 隔振系统的传感器主要有加速度传感器 B&K4506 和压力传感器 B&K56366。

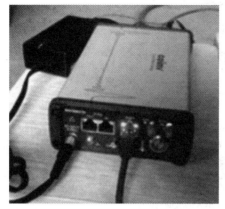 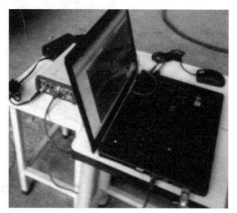

图 3.3.2　四通道信号采集仪　　　　　图 3.3.3　采集仪与笔记本的连接

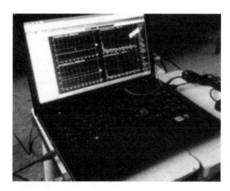 

图 3.3.4　数据采集、信号处理软件　　　图 3.3.5　电动振动试验台

　　RD-8040 阻尼器通过机械连接件与压力传感器固定,并将压力传感器通过螺丝约束于激振台面;分别在阻尼器的上、下两个板面上布置加速度传感器,其中激振台面再布置一个传感器用于反馈激振台加速度至其控制系统(图 3.3.6)。激振台设备为 ES-10-240/LT0505 型电动振动试验台。

3.3.2　试验工况及步骤

1. 试验工况

　　以某个带偏心轮的变频电机为减振对象,在电机底部用四个弹簧减振器支承,称为传统的弹簧阻尼振动系统(弱阻尼);当在电机底部并联布置四个弹簧减振器和一个滚珠丝杠式惯容器时,称为单层 ISD 隔振系统。激励工况分三种情况进行:采用振动台单独激励,称为被动隔振;采用电机运行单独激励,称为主动隔振;采用振动台和电机运行同时激励,称为混合隔振。其中振动台在 2~10Hz 频率范围采用单频正弦激励(间隔为 1Hz),振幅分 2.5mm 和 5mm 两种情况,振动系统的试验工况参数如表 3.3.1 所列。

图 3.3.6 单层 ISD 隔振系统试验装置

表 3.3.1 振动系统的试验工况参数

试验工况	惯质系数/kg	峰值/mm	频率/Hz
被动隔振	30.6, 42.9	2.5, 5	2~10
主动隔振	30.6	—	2~10
混合隔振	30.6, 42.9	2.5, 5	2~10

2. 试验步骤

(1) 对激振台的气垫减振器进行充气,先提起并右旋左侧的进气口旋钮,用气筒往里进气,待左侧的气压指示红色箭头抬升到红线位置压下左侧旋钮;再提起并右旋右侧的进气口旋钮,同时用标定尺衡量激振台的抬升高度,达到高度后压下右侧旋钮,此时激振台准备就绪。

(2) 连接好振动试验系统的各个接线,包括激振台和控制计算机、传感器与测试仪等。将激振台控制柜的增益调至最低,并用钥匙打开控制柜电源,此时激振台通风机和润滑系统开始工作。

(3) 将控制柜的增益调至中间位置,并打开控制计算机新建工程文件输入相关参数;然后启动信号采集仪并在计算机上打开其软件修改相关控制参数。

(4) 启动激振台,ISD 隔振系统即将运作,研究人员准备采集试验数据,在高频和大位移振动时要注意观察振动系统的稳定性。

3.4 单层 ISD 隔振系统试验结果分析

3.4.1 惯容器非线性动力学分析

由于滚珠丝杠副间隙、摩擦和弹性效应等非线性因素,滚珠丝杠虽然放大了飞轮的惯性,也为惯容器带来了不好的影响,导致高速旋转换向时产生迟滞现象,从而影响惯容器的力学性能。本试验所设计的滚珠丝杠式惯容器,对其进行了双螺母预紧,使得轴向间隙几乎为零,因此,间隙对惯容器力学性能的影响在本试验中不予考虑。

如图 3.4.1 所示,对螺母和丝杠进行非线性分析,惯容器两端作用力用 F 表示,螺母对丝杠的作用力用 F_d 表示,丝杠与螺母接触面上的摩擦力用 F_f 表示,摩擦力与螺母丝杠之间的相对速度用 v_0 表示,其关系为

$$F = F_d + F_f \tag{3.4.1}$$
$$F_f = -f_0 \mathrm{sgn}(v_0) \tag{3.4.2}$$

式中:sgn 为符号函数;f_0 为摩擦力的幅值。

由于受弹性效应的影响,丝杠在轴向产生弹性形变,其弹性效应通过等效刚度 k_e 和等效阻尼 c_e 来表示,弹性形变 Δx 与其承受的轴向力之间关系为

$$F_d + F_f = k_e(\Delta x) + c_e\Delta(\dot{x}) \tag{3.4.3}$$

螺母与丝杠之间的相对位移 x_2 与丝杠的实际位移 x_1 和丝杠的弹性形变 Δx 的关系为

$$x_2 = x_1 - \Delta x \tag{3.4.4}$$

因此,丝杠所受到的轴向力为

$$F_d + F_f = \left(\frac{2\pi}{P}\right)^2 J\left(\frac{\mathrm{d}v_0}{\mathrm{d}t}\right) = 2m\left(\frac{\pi r}{P}\right)^2 \ddot{x}_2 = b\ddot{x}_2 \tag{3.4.5}$$

通过滚珠丝杠式惯容器非线性力学的分析,为下面滚珠丝杠式惯容器试验结果奠定了理论基础。

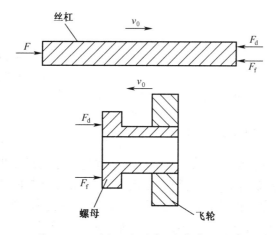

图 3.4.1 螺母和丝杠的非线性分析

3.4.2 惯质系数分析

在滚珠丝杠中,丝杠与螺母之间的接触通常认为是滚动接触而且摩擦力很小。对理论惯质系数分别为 30.6kg、42.9kg 的惯容器,在振动台单独激励工况时,测试得到滚珠丝杠式惯容器的惯质系数比较如图 3.4.2 和图 3.4.3 所示。

试验结果显示,在 2~10Hz 频率范围的大部分频率下,实测惯质系数比理论惯质系数略小。其原因是在滚珠丝杠式惯容器中的摩擦力不可以忽略不计,为了减小摩擦,通常在丝杠上添加润滑油以减少接触表面的粗糙度,而且滚珠丝杠式惯容器法向有明显的预紧力的存在,这些因素导致了实测惯质系数比理论惯质系数小。

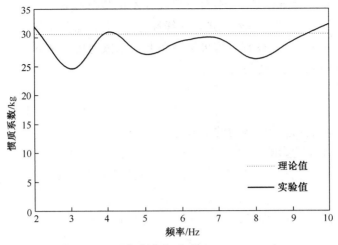

图 3.4.2　惯质系数比较($b_1 = 30.6\text{kg}$)

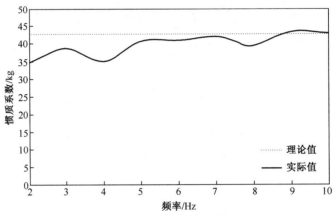

图 3.4.3　惯质系数比较($b_2 = 42.9\text{kg}$)

随着振动频率的提高,惯质系数实测结果的总体趋势越接近于理论值。其原因是存在于滚珠丝杠副接触表面的摩擦不受频率变化的影响,而在低频时惯容器产生的惯性力较小,惯质系数受摩擦力的相对影响较大,随着振动频率的提高,惯容器产生的惯性力增加,惯质系数受摩擦力的相对影响减小,从而更加接近于理论值。

3.4.3　加速度分析

如图 3.4.4 所示,不同惯质系数的惯容器对电动机被动隔振时垂向振动加速度比较。结果显示,安装惯质系数大的惯容器时,振动系统的振动状态更平稳,对振动系统的减振效果更加明显。

由式(3.2.2)计算得,无惯容器($b = 0$)时振动系统的固有频率 $f_0 = 4.03\text{Hz}$,当惯容器的惯质系数 $b_1 = 30.6\text{kg}$ 时,则 ISD 结构被动隔振系统的固有频率 $f_0' = 2.70\text{Hz}$。在电机被动隔振和混合隔振工况下,振动台以单峰值 5mm 的振幅进行正弦单频激励。在被动隔振、主动隔振和混合隔振工况时电机的垂向振动加速度如图 3.4.5~图 3.4.7 所示,无惯容器时电机在 4Hz 和 7Hz 时出现两个振动峰值,其中在 4Hz 频率处是由于振动系统的垂向固有频率的影响,而在 7Hz 频率处是由于振动系统的纵摇固有频率耦合振动所引起的。振动系统安装惯容器后,其垂向固有频率从 4Hz 减小至 3Hz,与理论结果基本吻合。

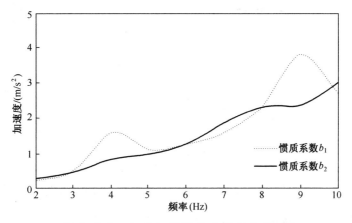

图 3.4.4　电动机隔振垂向振动加速度

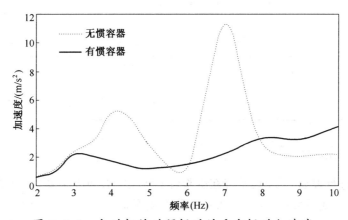

图 3.4.5　电动机被动隔振时的垂向振动加速度

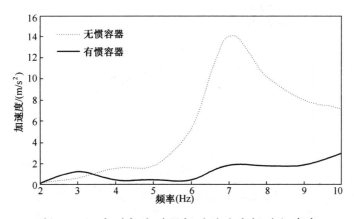

图 3.4.6　电动机主动隔振时的垂向振动加速度

如表 3.4.1 所列,对电动机进行被动隔振、主动隔振和混合隔振工况时的减振效果分别为 66%、75% 和 65%。因此,振动系统引入惯容器后,由于参振质量的增加不仅使固有

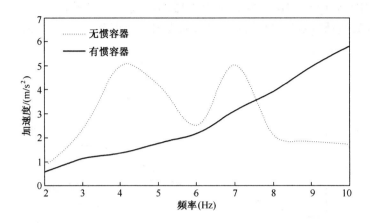

图 3.4.7 电动机混合隔振时的垂向振动加速度

频率下降,还可以大幅度减小系统在固有频率处的共振幅值。

表 3.4.1 振动系统垂向的共振幅值及减振效果

工况	共振幅值/(m/s^2)		减振效果
	有惯容器	无惯容器	/%
被动隔振	1.70	5.01	66
主动隔振	1.80	7.38	75
混合隔振	1.76	4.99	65

3.4.4 传递率分析

对电动机进行被动隔振时,系统在试验台上测试的振动传递率结果如图 3.4.8 所示。其中,惯性轮的惯质系数理论值为 42.9kg,弹簧刚度 $k = 16kN/m$,电动机质量 $m = 25kg$。

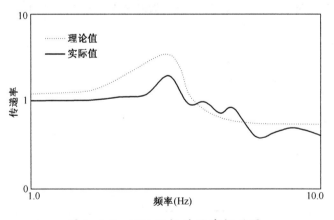

图 3.4.8 ISD 隔振系统减振效果

参振质量 m 通过 ISD 隔振系统进行隔振后,当振动源频率 $\omega \leqslant \sqrt{\dfrac{m}{b+m}}\omega_n$ 时

(2.7Hz)，$T>1$，即振动放大；当 $\omega > \sqrt{\dfrac{2m}{m+2b}}\omega_n$ 时 (3.1Hz)，$T<1$，即开始具有隔振效果显著。图中理论传递率总体稍大于试验传递率，但是曲线趋势基本一致。这主要是由于惯容器的内摩擦还会消耗一部分振动能量，再加上摩擦耦合等因素，导致实际传递率曲线稍低于理论传递率曲线，并且会出现波动。

3.5 本 章 小 结

本章从单层隔振系统着手，探索惯容器在单层隔振系统中的应用。推导了Ⅱ型、Ⅲ型两种ISD隔振系统的振动传递率计算公式，探讨了惯容器对隔振系统动态特性的影响，研究了单层ISD隔振系统的减振性能；简单分析了惯容器中存在的非线性因素，设计并且进行了试验，分析了试验结果及其与理论结果之间的差别，为惯容器在复杂隔振系统中的深入研究提供了前期准备工作，研究表明：

（1）增加惯容器后，ISD隔振系统的固有频率比传统弹簧阻尼系统的固有频率低，相当于将原隔振系统的共振频率向低频移动；增加惯容器还会抑制原隔振系统的共振振幅；惯质系数越大，对共振振幅的抑制越明显。

（2）ISD隔振系统在低频的传递效果优于原隔振系统，随着频率比的增加，ISD隔振系统的振动传递率趋于稳定值，惯质系数越大，隔振效果反而下降，即惯容器会减小原隔振系统振动传递率的衰减。

（3）惯容器、弹簧和阻尼分别并联的ISD隔振系统的传递率特性介于弹簧阻尼系统与一个惯容器和一个弹簧并联的隔振系统之间。

（4）滚珠丝杠式惯容器有存储能量的作用，其惯质系数与飞轮的转动惯量相关，转动惯量越大，惯质系数越大；在较低振动频率输入下，惯质器的惯性力较小，惯质系数受摩擦力影响较大，导致惯质系数小于理论值，频率增大后，惯容器的惯性力变大，惯质系数受摩擦力影响变小，更接近与理论值；惯质系数大的惯容器对系统固有频率的减振效果更明显，使系统的振动状态更平稳。

参考文献

[1] Chen Michael Z Q, Hu Yinlong, Huang Lixi, et al. Influence of inerter on naturalfrequencies of vibration systems[J]. Journal of Sound and Vibration, 2014, 333: 1874-1887.

[2] Christakis P, Smith M C. Positive real synthesis using matrix inequalities for mechanical networks: application to vehicle suspension[J]. IEEE Transactions on Control System Technology, 2006, 14(3): 423-434.

[3] Chen M Z Q, Smith M C. Restricted complexity network realizations for passive mechanical control[J]. IEEE Transactions on Automatic Control, 2009, 54(10): 2290-2301.

[4] Jiang J Z, Smith M C. Regular positive-real functions and five-element network synthesis for electrical and mechanical networks[J].IEEE Transactions on Automatic Control, 2011, 56(6): 1275-1290.

[5] Jiang J Z, Smith M C. Synthesis of positive-real functions withlow-complexity series-parallel networks[C]. Proceedings of the 44th IEEE Conference on Decision and Controland 28th Chinese Control Conference. Shanghai, China, IEEE, 2009:7086-7091.

［6］ Jiang J Z, Smith M C. On the classification of series-parallel electrical and mechanical networks［C］. Proceedings of the 2010 American Control Conference. Baltimore, MD, US: American Automatic Control Council, 2010:1416-1421.

［7］ Jiang J Z, Matamoros-Sanchez A Z, Goodall R M, et al. Passivesuspensions incorporating inerters for railway vehicle［J］. Vehicle System Dynamics, 2012, 50(S1): 263-276.

［8］ 陈龙, 张孝良, 汪若尘. 应用惯性蓄能器的车辆悬架:CN200810123830. 8［P］. 2008-06-05.

［9］ 温华兵, 昝浩, 陈宁, 等. 惯容器对隔振系统动态性能影响研究［J］. 试验力学, 2015, 30(4): 483-490.

第4章 含惯容器的多层隔振系统动态性能分析

为了减少和降低舰船的辐射噪声,近年来设计的舰船中,往往将动力机械设备设计为双层甚至多层隔振装置。最初在基座和基础之间通过隔振器连接所构成的单层隔振系统,其振级落差一般为 20~25dB,对于振动噪声指标要求较高的船舶,如测量船、军用舰船等,单层隔振系统已经不能满足日益增长的需求。双层及多层隔振系统具有良好的隔振性能,在舰船动力机械设备的隔振设计中得到了实际应用。以双层隔振系统为例,双层隔振系统的振级落差一般为 40~45dB[1],其中间质量占动力设备质量的 25%~100%,甚至为了使垂向的两个共振峰靠近,使中间质量略大于动力设备质量。较大的中间质量虽然可提高系统的隔振性能,但是也会带来种种弊端,如增大了装置的结构尺寸、装置笨重、受空间限制不易安装等[2]。

传统的双层及多层隔振系统通过附加较大的中间质量来增加总体参振质量,以实现振动系统较低的固有频率及抑制高频振动的传递。但是这增加了减振系统的附加质量和振动控制的成本,由于舰船等对总体质量有严格的限制,在工程应用中受到了限制。香港大学陈志强教授初步分析了惯容器对双层及多层隔振系统固有频率的影响[3]。本章探讨具有惯容器的双层及多层 ISD 隔振系统的动态特性,推导双层及多层 ISD 隔振系统振动传递率公式,分析惯容器对双层及多层隔振系统的固有频率、位移导纳、振动传递率的影响。算例结果对比表明,在原有系统中增加惯容器可改善双层及多层隔振系统的隔振性能。发展了动力设备的双层及多层隔振技术。

4.1 惯容器对双层隔振系统动态特性的影响

4.1.1 双层 ISD 隔振系统固有频率分析

双层 ISD 隔振系统如图 4.1.1 所示,构成双层 ISD 隔振系统的基本元件有惯容器、弹簧和阻尼器,根据 Smith 所提的机电相似理论,它们分别对应电容、电感和电阻。动力设备质量 m_1 的位移为 x_1,所受到的扰动力为 F_1,动力设备质量 m_1 与中间质量 m_2 之间的刚度为 k_1,惯质系数为 b_1,阻尼为 c_1;参振质量 m_2 的位移为 x_2,所受到的力为 F_2,参振质量 m_2 与基座之间的刚度为 k_2,惯质系数为 b_2,阻尼为 c_2。则双层 ISD 隔振系统的机械动力学方程为

$$\begin{cases} m_1\ddot{x}_1 = F_1 - k_1(x_1 - x_2) - c_1(\dot{x}_1 - \dot{x}_2) - b_1(\ddot{x}_1 - \ddot{x}_2) \\ m_2\ddot{x}_2 = F_2 - k_2x_2 - c_2\dot{x}_2 - b_2\ddot{x}_2 + k_1(x_1 - x_2) + c_1(\dot{x}_1 - \dot{x}_2) + b_1(\ddot{x}_1 - \ddot{x}_2) \end{cases}$$

$$(4.1.1)$$

对式(4.1.1)进行整理,可得

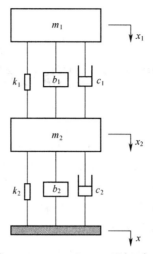

图 4.1.1　双层 ISD 隔振系统

$$\begin{cases} (m_1 + b_1)\ddot{x}_1 - b_1\ddot{x}_2 + c_1\dot{x}_1 - c_1\dot{x}_2 + k_1 x_1 - k_1 x_2 = F_1 \\ -b_1\ddot{x}_1 + (m_2 + b_1 + b_2)\ddot{x}_2 - c_1\dot{x}_1 + (c_1 + c_2)\dot{x}_2 - k_1 x_1 + (k_1 + k_2)x_2 = F_2 \end{cases}$$

$$(4.1.2)$$

可以得

$$\boldsymbol{M} = \begin{bmatrix} m_1 + b_1 & -b_1 \\ -b_1 & m_2 + b_1 + b_2 \end{bmatrix},\ \boldsymbol{C} = \begin{bmatrix} c_1 & -c_1 \\ -c_1 & c_1 + c_2 \end{bmatrix},\ \boldsymbol{K} = \begin{bmatrix} k_1 & -k_1 \\ -k_1 & k_1 + k_2 \end{bmatrix}$$

从质量矩阵 $\boldsymbol{M}$、阻尼矩阵 $\boldsymbol{C}$ 和刚度矩阵 $\boldsymbol{K}$ 可以看出,惯质系数 b_1、b_2 只存在于质量矩阵中。但是惯质系数 b_1、b_2 在质量矩阵中的位置并不相同,惯质系数 b_1 存在于质量矩阵中的每一项中,而惯质系数 b_2 只是在矩阵的最后一项。这是由于惯容器 b_2 的一端接地,另一端接中间质量 m_2,这相当于惯容器 b_2 增加了中间质量 m_2 的等效参振质量。

对于无阻尼的双层 ISD 隔振系统,其自由振动的机械动力学方程为

$$\boldsymbol{M}\ddot{\boldsymbol{x}} + \boldsymbol{K}\boldsymbol{x} = \boldsymbol{0} \tag{4.1.3}$$

设其方程解的形式为

$$\boldsymbol{x} = \begin{Bmatrix} x_1 \\ x_2 \end{Bmatrix} = \begin{Bmatrix} X_1 \\ X_2 \end{Bmatrix} \sin(\omega t + \alpha) \tag{4.1.4}$$

式中:X_1,X_2 为振动幅值;ω_{n1},ω_{n2} 为系统的固有频率;α 为初始相位。式(4.1.4)代入式(4.1.3)可得

$$|\boldsymbol{K} - \omega^2\boldsymbol{M}| = \begin{vmatrix} k_1 - \omega^2(m_1 + b_1) & -k_1 + \omega^2 b_1 \\ -k_1 + \omega^2 b_1 & k_1 + k_2 - \omega^2(m_2 + b_1 + b_2) \end{vmatrix} = 0 \quad (4.1.5)$$

解得

$$\omega_{n1} = \sqrt{\frac{k_1 k_2 \left(f_1 + f_2 - \sqrt{(f_1 - f_2)^2 + 4d_0}\right)}{2(f_1 f_2 - d_0)}} \tag{4.1.6}$$

$$\omega_{\mathrm{n2}} = \sqrt{\frac{k_1 k_2 \left(f_1 + f_2 + \sqrt{(f_1 - f_2)^2 + 4d_0}\right)}{2(f_1 f_2 - d_0)}} \tag{4.1.7}$$

式中：$f_1 = (m_1 + m_2 + b_2)k_1$；$f_2 = (m_1 + b_1)k_2$；$d_0 = k_1 k_2 m_1^2$。

对于两个自由度机械系统的自由振动，其模态向量为

$$(\boldsymbol{K} - \boldsymbol{M}\lambda_j)\boldsymbol{\varphi}_j = \boldsymbol{0} \quad (j = 1,2) \tag{4.1.8}$$

式中：$\omega_{\mathrm{n}j} = \sqrt{\lambda_j}$ 为该系统的固有频率；$\boldsymbol{\varphi}_j$ 为第 j 阶固有频率 $\omega_{\mathrm{n}j}$ 的模态向量，而且将 $\boldsymbol{\varphi}_j$ 正规化，使 $\boldsymbol{\varphi}_j^{\mathrm{T}} \boldsymbol{M} \boldsymbol{\varphi}_j = \boldsymbol{1}$。

式(4.1.8)分别对 b_1、b_2 求偏导数，可得

$$\frac{\partial \lambda_j}{\partial b_1} = -\lambda_j \boldsymbol{\varphi}_j^{\mathrm{T}} \frac{\partial \boldsymbol{M}}{\partial b_1} \boldsymbol{\varphi}_j = -\lambda_j (\boldsymbol{\varphi}_j^{(1)} - \boldsymbol{\varphi}_j^{(2)})^2 \tag{4.1.9}$$

式中：$\boldsymbol{\varphi}_j^{(i)}$ 为第 j 阶固有频率 $\omega_{\mathrm{n}j}$ 对应第 i 个惯容器的模态向量。

$$\frac{\partial \lambda_j}{\partial b_2} = -\lambda_j \boldsymbol{\varphi}_j^{\mathrm{T}} \frac{\partial \boldsymbol{M}}{\partial b_2} \boldsymbol{\varphi}_j = -\lambda_j (\boldsymbol{\varphi}_j^{(2)})^2 \tag{4.1.10}$$

由式(4.1.9)和式(4.1.10)得

$$\frac{\partial \lambda_j}{\partial b_1} \le 0 , \quad \frac{\partial \lambda_j}{\partial b_2} \le 0$$

说明增加惯质系数 b_1 和 b_2 都可以减小该系统的第一阶和第二阶固有频率。

将式(4.1.3)进行变换，可得

$$\begin{bmatrix} k_1 - \omega^2 (m_1 + b_1) & -k_1 + \omega^2 b_1 \\ -k_1 + \omega^2 b_1 & k_1 + k_2 - \omega^2 (m_2 + b_1 + b_2) \end{bmatrix} \begin{bmatrix} x_1 \\ x_2 \end{bmatrix} = \begin{bmatrix} 0 \\ 0 \end{bmatrix} \tag{4.1.11}$$

由式(4.1.11)解得固有频率的振幅比分别为

$$\mu_j = \frac{X_2^{(j)}}{X_1^{(j)}} = \frac{k_1 - \omega_{\mathrm{n}j}^2 m_1}{-k_1} = \frac{-k_1}{k_1 + k_2 - \omega_{\mathrm{n}j}^2 m_2} \tag{4.1.12}$$

$$\frac{\partial \mu_j}{\partial b_1} = \frac{\partial \mu_j}{\partial \lambda_j} \frac{\partial \lambda_j}{\partial b_1} = -\frac{m_1}{k_1} \lambda_j (\boldsymbol{\varphi}_j^{(1)} - \boldsymbol{\varphi}_j^{(2)})^2 \tag{4.1.13}$$

$$\frac{\partial \mu_j}{\partial b_2} = \frac{\partial \mu_j}{\partial \lambda_j} \frac{\partial \lambda_j}{\partial b_2} = -\frac{m_1}{k_1} \lambda_j (\boldsymbol{\varphi}_j^{(2)})^2 \tag{4.1.14}$$

式中：μ_j 为对应于第 j 阶固有频率的振幅比；$X_1^{(j)}$ 为动力设备第 j 阶固有频率的振幅；$X_2^{(j)}$ 为中间质量第 j 阶固有频率的振幅。

由式(4.1.13)和式(4.1.14)得

$$\frac{\partial \mu_j}{\partial b_1} \le 0 , \quad \frac{\partial \mu_j}{\partial b_2} \le 0$$

说明增加惯质系数 b_1 和 b_2 都可以减小该系统的第一阶和第二阶固有频率的振幅比。

对于一个确定的双层 ISD 隔振系统，若向惯容器 b_i 增加一个较小的惯质系数 ε_{b_i}（其中 $i = 1,2$），则可以得到一个新的质量矩阵，即

$$\boldsymbol{M} = \boldsymbol{M}_0 + \varepsilon_{b_i} \frac{\partial \boldsymbol{M}}{\partial b_i} \tag{4.1.15}$$

式中：M_0 为原双层 ISD 隔振系统的质量矩阵。

通过式（4.1.9）、式（4.1.10）比较特征值对惯质系数 b_i 的偏导数，以及通过式（4.1.13）、式（4.1.14）比较振幅比对惯质系数 b_i 的偏导数可以得到以下结论：

（1）当 $\dfrac{k_1}{2m_1 + b_1} < \lambda_{j0} < \dfrac{k_1}{b_1}$ 或 $\lambda_{j0} > \dfrac{k_2}{m_2 + b_1}$，$\lambda_{j0} < \dfrac{k_2}{m_2 + b_1 + 2m_1}$（$\lambda_{j0}$ 为原双层 ISD 隔振系统的特征值）时，增加惯质系数 b_1 对于降低固有频率和振幅比的效果比增加惯质系数 b_2 明显。

（2）当 $\dfrac{k_2}{m_2 + b_2 + 2m_1} < \lambda_{j0} < \dfrac{k_2}{m_2 + b_2}$ 或 $\lambda_{j0} > \dfrac{k_1}{b_1}$，$\lambda_{j0} < \dfrac{k_1}{b_1 + 2m_1}$ 时，增加惯质系数 b_2 对于降低固有频率和振幅比的效果比增加惯质系数 b_1 明显。

由式（4.1.11）可得双层 ISD 隔振系统对初始频率的响应为

$$\{x\} = \begin{Bmatrix} x_1 \\ x_2 \end{Bmatrix} = X_1^{(1)} \begin{Bmatrix} 1 \\ \mu_1 \end{Bmatrix} \sin(\omega_{n1} t + \alpha_1) + X_1^{(2)} \begin{Bmatrix} 1 \\ \mu_2 \end{Bmatrix} \sin(\omega_{n2} t + \alpha_2) \quad (4.1.16)$$

式中：X、α 为任意常数，由初始条件决定。

设初始条件：当 $t = 0$ 时，$x_i = x_{0i}$，$\dot{x}_i = \dot{x}_{0i}(i = 1,2)$。将初始条件代入，可得

$$X_1^{(1)} = \frac{1}{\mu_2 - \mu_1} \sqrt{(\mu_2 x_{01} - x_{02})^2 + \frac{(\mu_2 \dot{x}_{01} - \dot{x}_{02})^2}{\omega_{n1}^2}} \quad (4.1.17)$$

$$X_1^{(2)} = \frac{1}{\mu_2 - \mu_1} \sqrt{(x_{02} - \mu_1 x_{01})^2 + \frac{(\dot{x}_{02} - \mu_1 \dot{x}_{01})^2}{\omega_{n2}^2}} \quad (4.1.18)$$

$$\alpha_1 = \arctan\left(\frac{\omega_{n1}(\mu_2 x_{01} - x_{02})}{\mu_2 \dot{x}_{01} - \dot{x}_{02}} \right) \quad (4.1.19)$$

$$\alpha_2 = \arctan\left(\frac{\omega_{n2}(\mu_1 x_{01} - x_{02})}{\mu_1 \dot{x}_{01} - \dot{x}_{02}} \right) \quad (4.1.20)$$

对于无惯容器的双层隔振系统，下面讨论惯容器安装位置对该系统固有频率的影响。若动力设备质量 m_1 与中间质量 m_2 之间安装惯容器，即令 $b_1 = b$，$b_2 = 0$，则该系统的固有频率为[3]

$$\omega_{n1} = \sqrt{\frac{(m_1 + m_2)k_1 + m_1 k_2 + k_2 b_1 - \sqrt{((m_1 + m_2)k_1 - m_1 k_2 - b_1 k_2)^2 + 4k_1 k_2 m_1^2}}{2(m_1 m_2 + (m_1 + m_2)b_1)}}$$

$$(4.1.21)$$

$$\omega_{n2} = \sqrt{\frac{(m_1 + m_2)k_1 + m_1 k_2 + k_2 b_1 + \sqrt{((m_1 + m_2)k_1 - m_1 k_2 - b_1 k_2)^2 + 4k_1 k_2 m_1^2}}{2(m_1 m_2 + (m_1 + m_2)b_1)}}$$

$$(4.1.22)$$

若参振质量 m_2 与基座之间安装惯容器，即令 $b_2 = b$，$b_1 = 0$，则该系统的固有频率为

$$\omega_{n1}' = \sqrt{\frac{(m_1 + m_2)k_1 + m_1 k_2 + k_1 b_2 - \sqrt{((m_1 + m_2)k_1 - m_1 k_2 + b_2 k_1)^2 + 4k_1 k_2 m_1^2}}{2(m_1 m_2 + m_1 b_2)}}$$

$$(4.1.23)$$

$$\omega_{n2}' = \sqrt{\frac{(m_1 + m_2) k_1 + m_1 k_2 + k_1 b_2 + \sqrt{((m_1 + m_2) k_1 - m_1 k_2 + b_2 k_1)^2 + 4 k_1 k_2 m_1^2}}{2(m_1 m_2 + m_1 b_2)}}$$

$$(4.1.24)$$

通过比较 ω_{n1} 与 ω_{n1}',以及 ω_{n2} 与 ω_{n2}',令

$$b_0 = \frac{k_1 m_2 (2 m_1 k_2 - (2 m_1 + m_2) k_1)}{(k_2 - k_1)(m_1 k_2 - (m_1 + m_2) k_1)}$$

可以得到如下结论:

(1) 为了减小第一阶固有频率:当 $k_2 < k_1$ 时,增加下层惯容器 b_2 比增加上层惯容器 b_1 的效果好;当 $k_1 \leqslant k_2 \leqslant (1 + m_2/(2m_1))k_1$ 时,$[0, b_0]$ 区间内,增加 b_2 的效果比增加 b_1 好,$[b_0, +\infty)$ 区间内,增加 b_1 的效果比增加 b_2 好;当 $k_2 > (1 + m_2/(2m_1))k_1$ 时,增加 b_1 比增加 b_2 的效果好。

(2) 为了减小第二阶固有频率:当 $k_2 \leqslant (1 + m_2/m_1)k_1$ 时,增加上层惯容器 b_1 的效果比增加下层惯容器 b_2 好;当 $k_2 > (1 + m_2/m_1)k_1$ 时,$[0, b_0]$ 区间内,增加 b_1 的效果比增加 b_2 好,$[b_0, +\infty)$ 区间内,增加 b_2 的效果比增加 b_1 好。

4.1.2　双层 ISD 隔振系统强迫振动分析

对于双层 ISD 隔振系统的强迫振动,其机械动力学方程为

$$\boldsymbol{M}\ddot{\boldsymbol{x}} + \boldsymbol{C}\dot{\boldsymbol{x}} + \boldsymbol{K}\boldsymbol{x} = \boldsymbol{F} \tag{4.1.25}$$

设其干扰力为简谐函数,并表示为复数形式

$$\boldsymbol{F} = \begin{Bmatrix} F_1 \\ F_2 \end{Bmatrix} \mathrm{e}^{\mathrm{j}\omega t}$$

式中: ω 为激振频率。

令方程的解为 $\boldsymbol{x} = \begin{Bmatrix} X_1 \\ X_2 \end{Bmatrix} \mathrm{e}^{\mathrm{j}\omega t}$

代入方程

$$\boldsymbol{Z}\boldsymbol{x} = \boldsymbol{F}$$

式中:$\boldsymbol{Z}$ 为阻抗矩阵,$\boldsymbol{Z} = \begin{bmatrix} Z_{11} & Z_{12} \\ Z_{21} & Z_{22} \end{bmatrix}$;$\boldsymbol{F} = \begin{Bmatrix} F_1 \\ F_2 \end{Bmatrix} \sin\omega t$。

由 $Z_{ij} = -\omega^2 m_{ij} + \mathrm{j}\omega c_{ij} + k_{ij}$ 可得

$$\begin{cases} Z_{11} = \sqrt{[k_1 - \omega^2(m_1 + b_1)]^2 + c_1^2 \omega^2} \\ Z_{12} = \sqrt{(\omega^2 b_1 - k_1)^2 + c_1^2 \omega^2} \\ Z_{21} = \sqrt{(\omega^2 b_1 - k_1)^2 + c_1^2 \omega^2} \\ Z_{22} = \sqrt{[(k_1 + k_2) - \omega^2(m_2 + b_1 + b_2)]^2 + (c_1 + c_2)^2 \omega^2} \end{cases} \tag{4.1.26}$$

则双层 ISD 隔振系统强迫振动的幅值为

$$\begin{cases} X_1 = \dfrac{Z_{22}F_1 - Z_{12}F_2}{Z_{11}Z_{22} - Z_{12}^2} \\[3mm] X_2 = \dfrac{-Z_{12}F_1 + Z_{11}F_2}{Z_{11}Z_{22} - Z_{12}^2} \end{cases} \tag{4.1.27}$$

当 $F_1 = F_0$，$F_2 = 0$ 时,强迫振动的机械位移导纳为

$$\begin{cases} Y_1 = \dfrac{X_1}{F_0} = \left| \dfrac{Z_{22}}{Z_{11}Z_{22} - Z_{12}^2} \right| = \dfrac{\sqrt{[(k_1+k_2) - \omega^2(m_2+b_1+b_2)]^2 + (c_1+c_2)^2\omega^2}}{\sqrt{[k_1 - \omega^2(m_1+b_1)]^2 + c_1^2\omega^2} \cdot \sqrt{[(k_1+k_2) - \omega^2(m_2+b_1+b_2)]^2 + (c_1+c_2)^2\omega^2 - [(\omega^2 b_1 - k_1)^2 + c_1^2\omega^2]}} \\[4mm] Y_2 = \dfrac{X_2}{F_0} = \left| \dfrac{-Z_{12}}{Z_{11}Z_{22} - Z_{12}^2} \right| = \dfrac{\sqrt{(\omega^2 b_1 - k_1)^2 + c_1^2\omega^2}}{\sqrt{[k_1 - \omega^2(m_1+b_1)]^2 + c_1^2\omega^2} \cdot \sqrt{[(k_1+k_2) - \omega^2(m_2+b_1+b_2)]^2 + (c_1+c_2)^2\omega^2 - [(\omega^2 b_1 - k_1)^2 + c_1^2\omega^2]}} \end{cases} \tag{4.1.28}$$

由式(4.1.25)推出

$$\begin{bmatrix} Z_{11}(\omega) & Z_{12}(\omega) \\ Z_{21}(\omega) & Z_{22}(\omega) \end{bmatrix} \begin{bmatrix} H_1(\omega) \\ H_2(\omega) \end{bmatrix} = \begin{bmatrix} 1 \\ 0 \end{bmatrix} \tag{4.1.29}$$

式中:$H_1(\omega)$、$H_2(\omega)$ 为位移频响函数。

隔振系统的传递率为

$$T(\omega) = k \cdot H_2(\omega) + c_2 \cdot j \cdot \omega \cdot H_2(\omega)$$

令 $H_2 = \dfrac{Z_{21}}{Z_{12}^2 - Z_{11}Z_{22}}$,整理得到双层 ISD 隔振系统的传递率为

$$T = \sqrt{(k_2 H_2)^2 + (c_2 H_2 \omega)^2} \tag{4.1.30}$$

对于动力设备的机械导纳 Y_1,当 $\omega = \omega_{n1}$ 时,系统发生共振,机械导纳 Y_1 取得极大值,若增加该系统的阻尼,则会使双层 ISD 隔振系统的共振振幅降低;当 $\omega = \sqrt{(k_1+k_2)/(m_2+b_1+b_2)}$ 时,Y_1 取得极小值,并且 $\sqrt{(k_1+k_2)/(m_2+b_1+b_2)} < \omega_{n2}$。当 $\omega = \omega_{n2}$ 时,系统发生共振,Y_1 取得极大值,若增加该系统的阻尼,则会使双层 ISD 隔振系统的共振振幅降低;由于

$$\lim_{\omega \to \infty} Y_1 = \dfrac{(m_2 + b_1 + b_2)}{(m_1 m_2 + m_1 b_1 + m_1 b_2 + m_2 b_1 + b_1 b_2)\omega^2}$$

则 Y_1 以 $1/\omega^2$ 衰减,即 12dB/oct 衰减。

对于中间质量的机械导纳 Y_2 和双层 ISD 隔振系统的传递率 T,当 $\omega = \omega_{n1}$ 时,系统发生共振现象,Y_2 和 T 取得极大值,若增加该系统的阻尼,则会使双层 ISD 隔振系统的共振振幅降低;当 $\omega = \sqrt{k_1/b_1}$ 时,Y_2 和 T 取得极小值。当 $\omega = \omega_{n2}$ 时,系统发生共振,Y_2 和 T 取得极大值,若增加该系统的阻尼,则会使双层 ISD 隔振系统的共振振幅降低;对于

$$\lim_{\omega \to \infty} Y_2 = \dfrac{b_1 \omega^2}{(m_1 m_2 + m_1 b_1 + m_1 b_2 + b_1 m_2 + b_1 b_2)\omega^4}$$

若 $b_1 \neq 0$,则 Y_2 以 $1/\omega^2$ 衰减,即 12dB/oct 衰减,若 $b_1 = 0$,则机械导纳 Y_2 以 $1/\omega^4$ 衰减,即每倍频 24dB 衰减;对于

$$\lim_{\omega \to \infty} T = \dfrac{b_1 \omega^2 \sqrt{k_2^2 + (c_2\omega)^2}}{(m_1 m_2 + m_1 b_1 + m_1 b_2 + b_1 m_2 + b_1 b_2)\omega^4}$$

若 $b_1 \neq 0$，$c_2 \neq 0$

则 Y_2 以 $1/\omega$ 衰减，即 6dB/oct 衰减，若 $b_1 = 0$，则机械导纳 Y_2 以 $1/\omega^4$ 衰减，即 24dB/oct 衰减。

4.2 惯容器对多层隔振系统动态性能的影响

4.2.1 多层 ISD 隔振系统固有频率分析

多层 ISD 隔振系统如图 4.2.1 所示，构成多层 ISD 隔振系统的基本元件有惯容器元件、弹簧元件和阻尼元件，通过机电类比理论，惯容器对应电容、弹簧对应电感和阻尼对应电阻。第 1 层质量 m_1 的位移为 x_1，所受到的扰动力为 F_1，第 1 层质量 m_1 与第 2 层质量 m_2 之间的刚度为 k_1，惯质系数为 b_1，阻尼为 c_1；第 2 层质量 m_2 的位移为 x_2，所受到的扰动力为 F_2，第 2 层质量 m_2 与第 3 层质量 m_3 之间的刚度为 k_2，惯质系数为 b_2，阻尼为 c_2；以此类推。多层 ISD 隔振系统的机械动力学方程为

$$\begin{cases} m_1\ddot{x}_1 = F_1 - k_1(x_1 - x_2) - c_1(\dot{x}_1 - \dot{x}_2) - b_1(\ddot{x}_1 - \ddot{x}_2) \\ m_2\ddot{x}_2 = F_2 - k_2x_2 - c_2\dot{x}_2 - b_2\ddot{x}_2 + k_1(x_1 - x_2) + c_1(\dot{x}_1 - \dot{x}_2) + b_1(\ddot{x}_1 - \ddot{x}_2) \\ \cdots\cdots \\ m_n\ddot{x}_n = F_n - k_nx_n - c_n\dot{x}_n - b_n\ddot{x}_n + k_{n-1}(x_{n-1} - x_n) + c_{n-1}(\dot{x}_{n-1} - \dot{x}_n) + b_{n-1}(\ddot{x}_{n-1} - \ddot{x}_n) \end{cases}$$

$$(4.2.1)$$

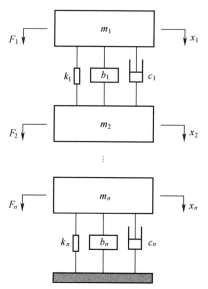

图 4.2.1 多层 ISD 隔振系统

对于一个特定的无阻尼多层 ISD 隔振系统，其自由振动的机械动力学方程为

$$M\ddot{x} + Kx = 0 \qquad (4.2.2)$$

式中：M 为质量矩阵；K 为刚度矩阵。它们分别为

$$M = \begin{bmatrix} m_1 + b_1 & -b_1 & & \\ -b_1 & m_2 + b_1 + b_2 & -b_2 & \\ & \ddots & \ddots & \ddots \\ & & -b_{n-1} & m_n + b_{n-1} + b_n \end{bmatrix}$$

$$K = \begin{bmatrix} k_1 & -k_1 & & \\ -k_1 & k_1 + k_2 & -k_2 & \\ & \ddots & \ddots & \ddots \\ & & -k_{n-1} & k_{n-1} + k_n \end{bmatrix}$$

从质量矩阵 M 可以看出,惯质系数 b_n 只是在矩阵的最后一项。这是由于惯容器 b_n 的一端接地,另一端接中间质量 m_2,这相当于惯容器 b_2 增加了中间质量 m_n 的等效参振质量。

对于多个自由度机械系统的自由振动,其模态向量为

$$(K - M\lambda_j)\boldsymbol{\varphi}_j = \mathbf{0}(j = 1,2,\cdots,n) \tag{4.2.3}$$

式中:$\omega_{nj} = \sqrt{\lambda_j}$ 为该系统的固有频率;$\boldsymbol{\varphi}_j$ 为第 j 阶固有频率 ω_{nj} 的模态向量,而且将 $\boldsymbol{\varphi}_j$ 正规化,使 $\boldsymbol{\varphi}_j^{\mathrm{T}} M \boldsymbol{\varphi}_j = 1$。

若考虑第 i 个惯容器 b_i 对第 j 阶固有频率 ω_j 的影响,式(4.2.3)对 b_i 求偏导,可得

$$\left(\frac{\partial K}{\partial b_i} - \frac{\partial \lambda_j}{\partial b_i} M - \lambda_j \frac{\partial M}{\partial b_i}\right)\boldsymbol{\varphi}_j + (K - \lambda_j M)\frac{\partial \boldsymbol{\varphi}_j}{\partial b_i} = \mathbf{0} \tag{4.2.4}$$

式(4.2.4)左乘 $\boldsymbol{\varphi}_j^{\mathrm{T}}$,由于 $\partial K/\partial b_i = 0$(矩阵 K 与 b_i 无关),$\boldsymbol{\varphi}_j^{\mathrm{T}}(K - \lambda_j M) = \mathbf{0}$ 而且 $\boldsymbol{\varphi}_j^{\mathrm{T}} M \boldsymbol{\varphi}_j = 1$,可得

$$\frac{\partial \lambda_j}{\partial b_i} = -\lambda_j \boldsymbol{\varphi}_j^{\mathrm{T}} \frac{\partial M}{\partial b_i} \boldsymbol{\varphi}_j \tag{4.2.5}$$

由于

$$\frac{\partial M}{\partial b_i} = \begin{cases} \begin{bmatrix} 0 & & & & & \\ & \ddots & & & & \\ & & 1 & -1 & & \\ & & -1 & 1 & & \\ & & & & \ddots & \\ & & & & & 0 \end{bmatrix}, i \neq n \\ \begin{bmatrix} 0 & & & \\ & \ddots & & \\ & & 0 & \\ & & & 1 \end{bmatrix}, i = n \end{cases} \tag{4.2.6}$$

因此,对于任意的特征值 $\lambda_j(j = 1,2,\cdots,n)$ 和任意的惯质系数 $b_i(i = 1,2,\cdots,n)$,可得

$$\frac{\partial \lambda_j}{\partial b_i} = -\lambda_j \phi_{ij} \tag{4.2.7}$$

$$\frac{\partial \phi_{ij}}{\partial b_i} = 2\phi_{ij}\left(-\frac{1}{2}\phi_{ij} + \sum_{l=1,l\neq j}^{n}\frac{\lambda_j}{\lambda_l - \lambda_j}\phi_{il}\right) \tag{4.2.8}$$

$$\frac{\partial^2 \lambda_j}{\partial b_i^2} = 2\lambda_j\phi_{ij}\left(\phi_{ij} - \sum_{l=1,l\neq j}^{n}\frac{\lambda_j}{\lambda_l - \lambda_j}\phi_{il}\right) \tag{4.2.9}$$

式中

$$\phi_{ij} = \boldsymbol{\varphi}_j^{\mathrm{T}}\frac{\partial \boldsymbol{M}}{\partial b_i}\boldsymbol{\varphi}_j = \begin{cases} (\boldsymbol{\varphi}_j^{(i)} - \boldsymbol{\varphi}_j^{(i+1)})^2, i \neq n \\ (\boldsymbol{\varphi}_j^{(n)})^2, i = n \end{cases} \tag{4.2.10}$$

由式(4.2.3)和式(4.2.6)得 $\partial\lambda_j/\partial b_i \leqslant 0$。当 $i \neq n$ 时,若 $\boldsymbol{\varphi}_j^{(i)} = \boldsymbol{\varphi}_j^{(i+1)}$, $\partial\lambda_j/\partial b_i = 0$;当 $i = n$ 时,若 $\boldsymbol{\varphi}_j^{(n)} = 0$, $\partial\lambda_j/\partial b_i = 0$。由于 i 或 j 是可以指代任意的数字,所以任何惯容器都可以减小隔振系统的固有频率。对于一个离散的振动系统,使 $\partial\lambda_j/\partial b_i \leqslant 0$ 成立的充分必要条件为 $\partial\boldsymbol{M}_j/\partial b_i \geqslant 0$。

4.2.2 多层 ISD 隔振系统强迫振动分析

对于任意的 ISD 隔振系统的强迫振动,其机械动力学方程为

$$\boldsymbol{M}\ddot{\boldsymbol{x}} + \boldsymbol{C}\dot{\boldsymbol{x}} + \boldsymbol{K}\boldsymbol{x} = \boldsymbol{F} \tag{4.2.11}$$

设其干扰力为简谐函数,并表示为复数形式

$$\boldsymbol{F} = \begin{Bmatrix} F_1 \\ F_2 \\ \vdots \\ F_n \end{Bmatrix}\mathrm{e}^{\mathrm{j}\omega t}$$

令方程的解为

$$\boldsymbol{x} = \begin{Bmatrix} X_1 \\ X_2 \\ \vdots \\ X_n \end{Bmatrix}\mathrm{e}^{\mathrm{j}\omega t}$$

代入方程

$$\boldsymbol{Z}\boldsymbol{x} = \boldsymbol{F}$$

式中:$\boldsymbol{Z}$ 为阻抗矩阵;

$$\boldsymbol{Z} = \begin{bmatrix} Z_{11} & Z_{12} & \cdots & Z_{1n} \\ Z_{21} & Z_{22} & \cdots & Z_{2n} \\ \vdots & \vdots & & \vdots \\ Z_{n1} & Z_{n2} & \cdots & Z_{nn} \end{bmatrix}$$

$$\boldsymbol{F} = \begin{Bmatrix} F_1 \\ F_2 \\ \vdots \\ F_n \end{Bmatrix}\sin\omega t。$$

由 $Z_{ij} = -\omega^2 m_{ij} + \mathrm{j}\omega c_{ij} + k_{ij}$ 得到 $Z_{11}, Z_{12}, \cdots, Z_{nn}$，又由

$$\begin{bmatrix} Z_{11} & Z_{12} & \cdots & Z_{1n} \\ Z_{21} & Z_{22} & \cdots & Z_{2n} \\ \vdots & \vdots & \ddots & \vdots \\ Z_{n1} & Z_{n2} & \cdots & Z_{nn} \end{bmatrix} \begin{bmatrix} H_1 \\ H_2 \\ \vdots \\ H_n \end{bmatrix} = \begin{bmatrix} 1 \\ 0 \\ \vdots \\ 0 \end{bmatrix}$$

求出 H_n，其中，$H_1(\omega)$，$H_2(\omega)$，$\cdots$，$H_n(\omega)$ 为位移频响函数。则隔振系统的传递率为

$$T(\omega) = k_n \cdot H_n(\omega) + c_n \cdot \mathrm{j} \cdot \omega \cdot H_n(\omega)$$

整理得到双层 ISD 隔振系统的传递率为

$$T = \sqrt{(k_n H_n)^2 + (c_n H_n \omega)^2} \tag{4.2.12}$$

4.3 双层 ISD 隔振系统计算实例

如图 4.3.1 所示，以德国 MTU16V396TC53 双层隔振柴油发电机组[4] 为例研究惯容器对双层隔振系统的影响。其中，柴油机与发电机之间由钟状罩相连，其刚度远远大于橡胶支承的刚度，视为无穷大，动力设备质量 m_1 由柴油机、发电机和钟状罩组成；中间质量 m_2 由组成为一体的隔声罩和支承结构组成。上层柴油机和发电机采用 20 个 EIN 3164-3 橡胶支承，其垂直方向的刚度为 $1.335 \times 10^6 \mathrm{N/m}$，其中柴油机下面有 12 个，发电机下面有 8 个；下层中间质量采用 10 个 17/1663D 型橡胶支承，其垂直方向的刚度为 2.159×10^6 $\mathrm{N/m}$。

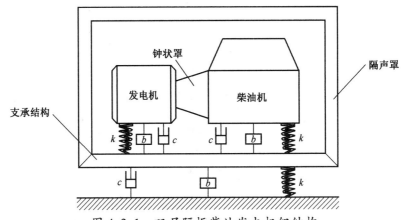

图 4.3.1 双层隔振柴油发电机组结构

下面探索惯容器装在上层或下层对该双层隔振机组的固有频率及机械导纳和振动传递率的影响。已知 $m_1 = 11563\mathrm{kg}$，$m_2 = 7314\mathrm{kg}$，$k_1 = 20 \times 1.335 \times 10^6 = 2.67 \times 10^7 \mathrm{N/m}$，$k_2 = 10 \times 2.159 \times 10^6 = 2.159 \times 10^7$ $\mathrm{N/m}$。当 $b_1 = b_2 = 0$ 时，计算得出双层隔振机组垂直方向第一阶固有角频率为 $29.07\mathrm{rad/s}$，第二阶固有角频率为 $89.81\mathrm{rad/s}$。当惯容器装在上层时，$b_1 = b$，$b_2 = 0$；当惯容器装在下层时，$b_1 = 0$，$b_2 = b$。

由式(4.1.21)~式(4.1.24)可得，惯容器对双层隔振系统的影响与上层刚度和下层刚度之间的四种关系有关，下面将对四种关系分别讨论：$k_2 < k_1$；$k_1 \leqslant k_2 \leqslant (1 +$

$m_2/(2m_1))k_1$; $(1+m_2/(2m_1))k_1 < k_2 \leqslant (1+m_2/m_1)k_1$; $k_2 > (1+m_2/m_1)k_1$。

4.3.1 不同刚度条件下惯容器对双层隔振系统的影响

1. 当 $k_2 < k_1$ 时,惯容器对双层隔振系统的影响

当 $k_2 < k_1$ 时,惯容器分别装在上层或下层对双层隔振机组固有频率的影响如图 4.3.2 所示。在上层增加惯容器可显著降低双层隔振系统第二阶固有频率及其对应的振幅比;若要降低第一阶固有频率,在下层增加惯容器 b_2 比在上层增加惯容器 b_1 效果好;若要降低第二阶固有频率,在上层增加惯容器 b_1 比在下层增加惯容器 b_2 效果好。当 $k_2 < k_1$ 时,惯容器分别装在上层或下层对双层隔振机组振幅比的影响如图 4.3.3 所示。若要降低第一阶固有频率的振幅比,在上层增加惯容器 b_1 比在下层增加惯容器 b_2 效果好;若要降低第二阶固有频率的振幅比,在上层增加惯容器 b_1 比在下层增加惯容器 b_2 效果好。

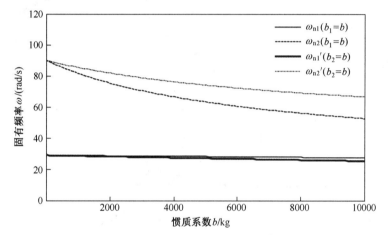

图 4.3.2 ISD 双层隔振系统固有频率

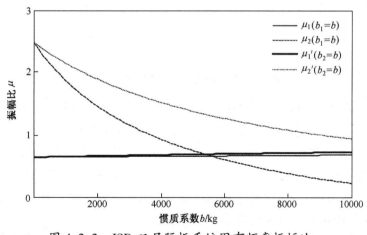

图 4.3.3 ISD 双层隔振系统固有频率振幅比

如图 4.3.4 所示,当 $k_2 < k_1$ 时,动力设备的机械导纳。如图 4.3.5 所示,当 $k_2 < k_1$ 时,ISD 隔振系统的振动传递率。当惯容器安装在上层时($b_1 = 5000\text{kg}$,$b_2 = 0\text{kg}$),双层隔振机组的第一阶和第二阶固有频率分别降低到 28.3rad/s 和 63.3rad/s;当惯容器安装在

下层时($b_1 = 0\text{kg}$, $b_2 = 5000\text{kg}$)，双层隔振机组的第一阶和第二阶固有频率分别降低到 27.1rad/s 和 74.1rad/s。因此，上层惯容器惯质系数的增大会导致第一阶与第二阶固有频率之间的间距减小，从而在工程设计中更容易避开动力设备的扰动频率。

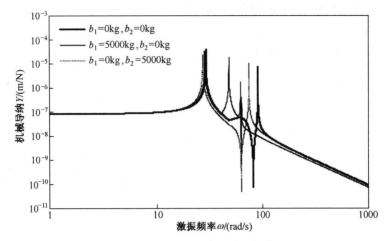

图 4.3.4　动力设备的机械导纳

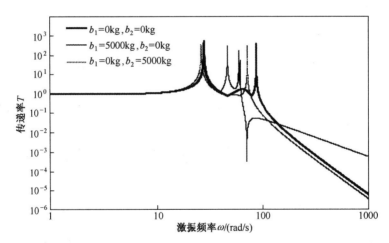

图 4.3.5　动力设备的振动传递率

若惯容器安装在上层($b_1 = 5000\text{kg}$, $b_2 = 0\text{kg}$)，当 $\omega = 28.3\text{rad/s}$ 时，系统发生共振；当 $\omega = \sqrt{(k_1 + k_2)/(m_2 + b_1 + b_2)}$ ($\omega = 62.6\text{rad/s}$) 时，动力设备的机械导纳取极小值；当 $\omega = 63.3\text{rad/s}$ 时，系统发生共振；当 $\omega > 63.3\text{rad/s}$ 时，动力设备的机械导纳以 $1/\omega^2$ 衰减，即 12dB/oct 衰减。当 $\omega = \sqrt{k_1/b_1}$ ($\omega = 73.1\text{rad/s}$) 时，系统的传递率取极小值；当 $\omega > 73.1\text{rad/s}$ 时，若阻尼值 $c_2 = 0$，则系统的传递率以 $1/\omega^2$ 衰减，即 12dB/oct 衰减，若阻尼值 $c_2 \neq 0$，则系统的传递率以 $1/\omega$ 衰减，即 6dB/oct 衰减。

若惯容器安装在下层($b_1 = 0\text{kg}$, $b_2 = 5000\text{kg}$)，当 $\omega = 27.1\text{rad/s}$ 时，系统发生共振；当 $\omega = \sqrt{(k_1 + k_2)/(m_2 + b_1 + b_2)}$ ($\omega = 62.6\text{rad/s}$) 时，动力设备的机械导纳取极小值；当 $\omega = 74.1\text{rad/s}$ 时，系统发生共振；当 $\omega > 74.1\text{rad/s}$ 时，动力设备的机械导纳以 $1/\omega^2$ 衰减，即 12dB/oct 衰减；系统的传递率则以 $1/\omega^4$ 衰减，即 24dB/oct 衰减。所以当 $k_2 < k_1$ 时，在上

层比在下层安装惯容器更容易避开动力设备的扰动频率,但是在高频段上层惯容器会减缓中间质量的高频振动衰减。

2. 当 $k_1 \leqslant k_2 \leqslant (1 + m_2/(2m_1))k_1$ 时,惯容器对双层隔振系统的影响

已知 $m_1 = 11563\mathrm{kg}$, $m_2 = 7314\mathrm{kg}$, $k_1 = 20 \times 1.335 \times 10^6 = 2.67 \times 10^7 \mathrm{N/m}$, 在下层多加 4 个减振器(令 $k_2 = 14 \times 2.159 \times 10^6 = 3.0226 \times 10^7 \mathrm{N/m}$),此时 $k_1 \leqslant k_2 \leqslant (1 + m_2/(2m_1))k_1$。

当 $k_1 \leqslant k_2 \leqslant (1 + m_2/(2m_1))k_1$ 时,惯容器分别装在上层或下层对双层隔振机组固有频率的影响如图 4.3.6 所示。当 $k_1 \leqslant k_2 \leqslant (1 + m_2/(2m_1))k_1$ 时,惯容器分别装在上层或下层对双层隔振机组振幅比的影响如图 4.3.7 所示。若要降低第一阶固有频率和振幅比,$[0, b_0]$ 区间内,在下层增加惯容器 b_2 比在上层增加惯容器 b_1 效果好;$[b_0, +\infty)$ 区间内,在上层增加惯容器 b_1 比在下层增加惯容器 b_2 效果好。若要降低第二阶固有频率,在上层增加惯容器 b_1 比在下层增加惯容器 b_2 效果好。如图 4.3.8 所示,当 $k_1 \leqslant k_2 \leqslant (1 + m_2/(2m_1))k_1$ 时,动力设备的机械导纳。如图 4.3.9 所示,当 $k_1 \leqslant k_2 \leqslant (1 + m_2/(2m_1))k_1$ 时,ISD 隔振系统的振动传递率。在上层安装惯容器可以减小第一阶与第二阶固有频率之间的间距,从而在工程设计中更容易避开动力设备的扰动频率,但传递率的高频衰减也会降低。

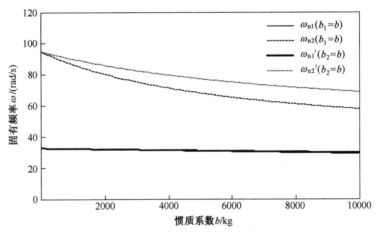

图 4.3.6 ISD 双层隔振系统固有频率

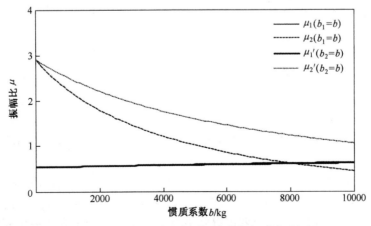

图 4.3.7 ISD 双层隔振系统固有频率振幅比

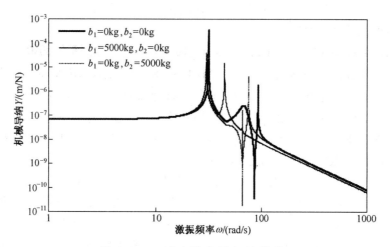

图 4.3.8　动力设备的机械导纳

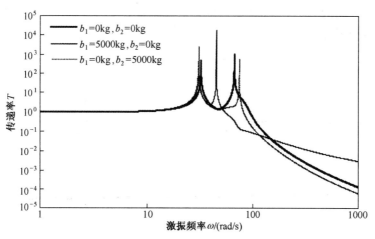

图 4.3.9　动力设备的振动传递率

3. 当 $(1 + m_2/(2m_1))k_1 < k_2 \leqslant (1 + m_2/m_1)k_1$ 时,惯容器对双层隔振系统的影响

已知 $m_1 = 11563\text{kg}$, $m_2 = 7314\text{kg}$, $k_1 = 20 \times 1.335 \times 10^6 = 2.67 \times 10^7 \text{ N/m}$,在下层多加 8 个减振器(令 $k_2 = 18 \times 2.159 \times 10^6 = 3.8862 \times 10^7 \text{ N/m}$),此时 $(1 + m_2/(2m_1))k_1 < k_2 \leqslant (1 + m_2/m_1)k_1$。

当 $(1 + m_2/(2m_1))k_1 < k_2 \leqslant (1 + m_2/m_1)k_1$ 时,惯容器分别装在上层或下层对双层隔振机组固有频率的影响如图 4.3.10 所示。当 $(1 + m_2/(2m_1))k_1 < k_2 \leqslant (1 + m_2/m_1)k_1$ 时,惯容器分别装在上层或下层对双层隔振机组振幅比的影响如图 4.3.11 所示。若要降低第一阶固有频率和振幅比,在上层增加惯容器 b_1 比在下层增加惯容器 b_2 效果好。若要降低第二阶固有频率,也是在上层增加惯容器 b_1 比在下层增加惯容器 b_2 效果好。

如图 4.3.12 所示,当 $(1 + m_2/(2m_1))k_1 < k_2 \leqslant (1 + m_2/m_1)k_1$ 时,动力设备的机械导纳。如图 4.3.13 所示,当 $(1 + m_2/(2m_1))k_1 < k_2 \leqslant (1 + m_2/m_1)k_1$ 时,ISD 隔振系统的振动传递率。在上层安装惯容器可以减小第一阶与第二阶固有频率之间的间距,从而

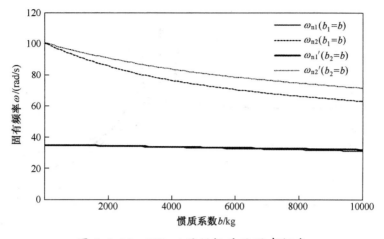

图 4.3.10　ISD 双层隔振系统固有频率

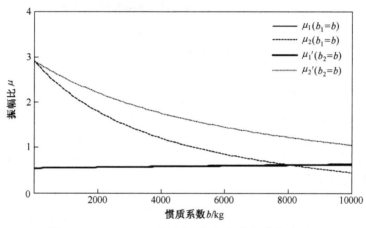

图 4.3.11　ISD 双层隔振系统固有频率振幅比

在工程设计中更容易避开动力设备的扰动频率,但传递率的高频衰减也会降低。

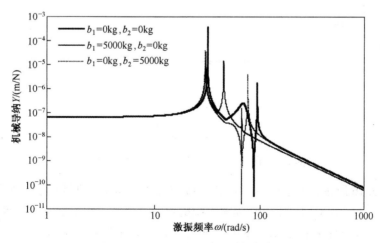

图 4.3.12　动力设备的机械导纳

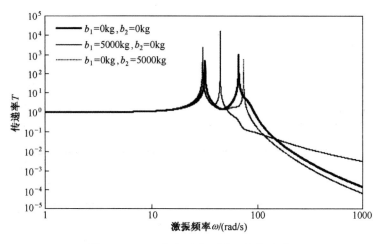

图 4.3.13　动力设备的振动传递率

4. 当 $k_2 > (1 + m_2/m_1)k_1$ 时,惯容器对双层隔振系统的影响

已知 $m_1 = 11563\text{kg}$，$m_2 = 7314\text{kg}$，$k_1 = 20 \times 1.335 \times 10^6 = 2.67 \times 10^7 \text{ N/m}$，在下层多加 14 个减振器（令 $k_2 = 24 \times 2.159 \times 10^6 = 3.0226 \times 10^7 \text{ N/m}$），此时 $k_2 > (1 + m_2/m_1)k_1$。

当 $k_2 > (1 + m_2/m_1)k_1$ 时,惯容器分别装在上层或下层对双层隔振机组固有频率的影响如图 4.3.14 所示。当 $k_2 > (1 + m_2/m_1)k_1$ 时,惯容器分别装在上层或下层对双层隔振机组振幅比的影响如图 4.3.15 所示。若要降低第一阶固有频率和振幅比,在上层增加惯容器 b_1 比在下层增加惯容器 b_2 效果好。若要降低第二阶固有频率,$[0, b_0]$ 区间内,在上层增加惯容器 b_1 比在下层增加惯容器 b_2 效果好;$[b_0, +\infty)$ 区间内,在下层增加惯容器 b_2 比在上层增加惯容器 b_1 效果好。

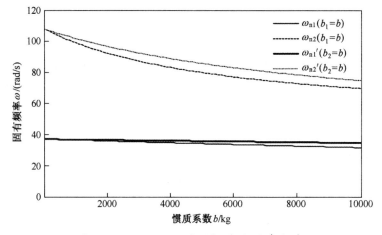

图 4.3.14　ISD 双层隔振系统固有频率

如图 4.3.16 所示,当 $k_2 > (1 + m_2/m_1)k_1$ 时,动力设备的机械导纳。如图 4.3.17 所示,当 $k_2 > (1 + m_2/m_1)k_1$ 时,ISD 隔振系统的振动传递率。在上层安装惯容器可以减小第一阶与第二阶固有频率之间的间距,从而在工程设计中更容易避开动力设备的扰动频率。但是,传递率的高频衰减也会降低。

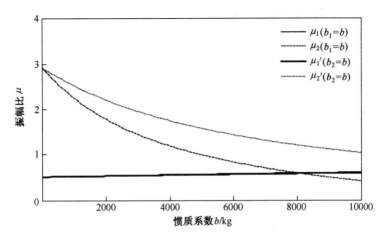

图 4.3.15 ISD 双层隔振系统固有频率振幅比

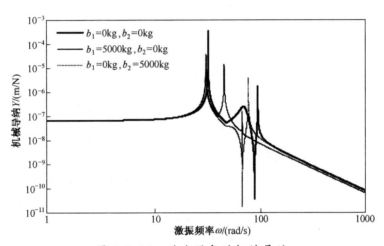

图 4.3.16 动力设备的机械导纳

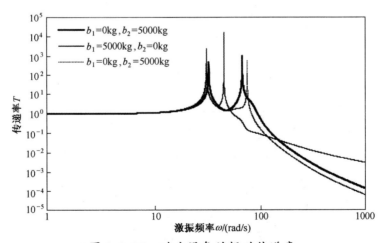

图 4.3.17 动力设备的振动传递率

4.3.2 接地惯容器对双层隔振系统的影响

在本算例中,令中间质量减少 1/2,并使惯质系数为原中间质量 1/2 的惯容器装在下层($b_1=0\mathrm{kg}$,$b_2=3657\mathrm{kg}$),使其一端接地,一端接中间质量,则改进后 ISD 双层隔振系统的减振效果在理论上和原双层隔振系统相同。设原双层隔振系统的质量方程为

$$\boldsymbol{M} = \begin{bmatrix} m_1 & 0 \\ 0 & m_2 \end{bmatrix}$$

ISD 双层隔振系统的质量方程为

$$\boldsymbol{M}' = \begin{bmatrix} m_1 & 0 \\ 0 & m_2' + b_2 \end{bmatrix}$$

式中:$m_2' = m_2/2$,$b_2 = m_2/2$,所以 $\boldsymbol{M}' = \boldsymbol{M}$。当惯容器的惯质系数为 3657kg 时,惯容器的自身质量可以设计在几十千克左右。因此,ISD 双层隔振系统在大大减少中间质量的情况下,仍能保持原有隔振系统的隔振效果,从而减少双层隔振系统的中间质量,有利于双层隔振系统的轻量化设计,在舰船等航行器的工程应用中具有良好的前景。

4.4 三层 ISD 隔振系统算例分析

以德国 MTU16V396TC53 柴油发电机组[4] 为例研究惯容器对 3 层隔振系统的影响。三层隔振柴油发电机组结构如图 4.4.1 所示。柴油机与发电机之间由钟状罩相连,其刚度远远大于橡胶支承的刚度,视为无穷大,动力设备质量 m_1 由柴油机和发电机组成;中间质量 m_2 由组成为一体的隔声罩和支承结构组成;筏架质量为 m_3。上层柴油机和发电机采用 20 个 EIN 3164-3 橡胶支承,其垂直方向的刚度为 $1.335\times10^6\mathrm{N/m}$,其中柴油机下面有 12 个,发电机下面有 8 个;中间质量和筏架之间采用 10 个 17/1663D 型橡胶支承,其垂直方向的刚度为 $2.159\times10^6\mathrm{N/m}$。筏架与基础之间采用 10 个 17/1663D 型橡胶支承,其垂直方向的刚度为 $2.159\times10^6\mathrm{N/m}$。

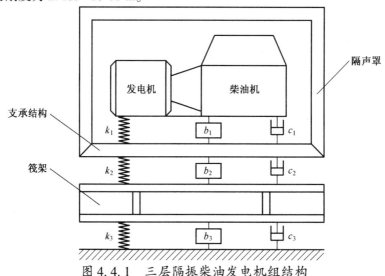

图 4.4.1 三层隔振柴油发电机组结构

下面探索惯容器装在不同位置对于该三层隔振机组的固有频率及其机械导纳的影响。已知 $m_1 = 11563\text{kg}, m_2 = 7314\text{kg}, m_3 = 3950\text{kg}, k_1 = 20 \times 1.335 \times 10^6 = 2.67 \times 10^7 \text{ N/m}, k_2 = k_3 = 10 \times 2.159 \times 10^6 = 2.159 \times 10^7 \text{ N/m}$。筏架和机组质量比为0.34,符合一般筏架设计规范。分别令 b_i 在6000kg以内,另外两个惯质系数为零,即

$$\boldsymbol{M}_1 = \begin{bmatrix} 100 + b_1 & -b_1 & 0 \\ -b_1 & 100 + b_1 & 0 \\ 0 & 0 & 100 + b_1 \end{bmatrix}, \boldsymbol{M}_2 = \begin{bmatrix} 100 & 0 & 0 \\ 0 & 100 + b_2 & -b_2 \\ 0 & -b_2 & 100 + b_2 \end{bmatrix},$$

$$\boldsymbol{M}_3 = \begin{bmatrix} 100 & 0 & 0 \\ 0 & 100 & 0 \\ 0 & 0 & 100 + b_3 \end{bmatrix}, \boldsymbol{K}_1 = \boldsymbol{K}_2 = \boldsymbol{K}_3 = \begin{bmatrix} 1000 & -1000 & 0 \\ -1000 & 2000 & -1000 \\ 0 & -1000 & 2000 \end{bmatrix}$$

根据 $\left| \boldsymbol{K} - \omega_i^2 \boldsymbol{M} \right| = 0$,可以得到图4.4.2~图4.4.4所示的计算结果。图4.4.2为惯质系数 b_1 对3层隔振系统固有频率的影响,图4.4.3为惯质系数 b_2 对3层隔振系统固有频率的影响,图4.4.4为惯质系数 b_3 对3层隔振系统固有频率的影响。结果显示,任何一个惯质系数的增大都会导致系统固有频率降低。由矩阵 $\boldsymbol{M}_1$、$\boldsymbol{M}_2$、$\boldsymbol{M}_3$ 对比可知,b_1 对质量矩阵的每一行都有影响,因此 b_1 对系统固有频率的影响更大;而 b_3 只是存在于质量矩阵的第3行、第3列,因此,只是相当于增加了质量块 m_3 的参振质量,对整个质量矩阵的影响相对较小。如图4.4.2~图4.4.4所示,b_1 可大幅度减小系统的固有频率,对第2阶、第3阶固有频率的减小幅度更大,因而缩小了第1阶和第2阶固有频率的间隔;而 b_2 在0~100kg区间内有效减小了第2阶和第3阶固有频率的间隔。

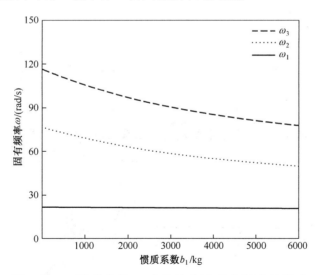

图4.4.2 惯质系数 b_1 对隔振系统固有频率的影响

惯容器对三层隔振系统传递率的影响如图4.4.5所示。由传递率波峰的位置可知,惯容器使传递率波峰前移,即减小系统固有频率;上层惯容器使波峰前移幅度较大,即上层惯容器对第2阶和第3阶固有频率减小幅度较大。插入上层惯容器与下层惯容器相比,第2、3个波峰比第1个波峰前移幅度大,传递率波峰间隔变小更加明显。最下层惯容器 b_3 引起隔振系统的固有频率下降量较小,但是不会改变传递率在高频的衰减速率;其

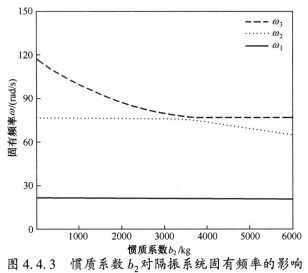

图 4.4.3 惯质系数 b_2 对隔振系统固有频率的影响

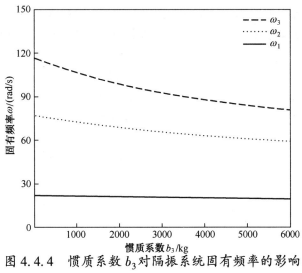

图 4.4.4 惯质系数 b_3 对隔振系统固有频率的影响

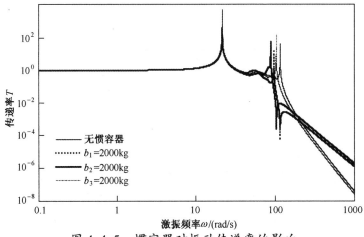

图 4.4.5 惯容器对振动传递率的影响

他层惯容器引起隔振系统的固有频率下降量较明显,但会导致传递率在高频的衰减速率下降,降低隔振系统的高频隔振特性。

4.5 本 章 小 结

本章分析了具有惯容器的双层及多层 ISD 隔振系统的动态特性,探讨了惯容器对双层及多层隔振系统的固有频率、位移导纳和振动传递率的影响,开展了惯容器在双层及多层隔振系统中的应用研究。通过算例分析得到以下结论:

(1)在双层隔振系统中,若在上层安装惯容器,则会使双层隔振系统的两个固有频率之间的间隔减小,从而在工程设计中更容易避开动力设备的扰动频率,以抑制共振峰值;但对动力设备的振动传递率产生不利影响,使其高频振动随频率变化的衰减量下降。

(2)在双层隔振系统中,若在原有隔振系统下层安装惯容器,使惯容器的一端接地,另一端接中间质量,则相当于增加了中间质量的参振质量,使双层隔振系统的固有频率向低频移动,提高了双层隔振的性能。

(3)在双层隔振系统中,若减少中间质量,使惯容器的一端接地,另一端接中间质量,则可以保持原有隔振系统的隔振效果,从而解决了双层隔振系统的中间质量较大带来的弊端,有利于双层隔振系统的轻量化设计。

(4)在多层隔振系统中任意层安装惯容器都可以减小任意阶系统的固有频率,也会使各阶固有频率的间隔变小。插入上层惯容器与下层惯容器相比,上层惯容器对高阶固有频率减小的幅度较大,且使固有频率的间隔变小更加明显。

(5)在多层 ISD 隔振系统的实际工程应用中,在上层安装惯容器使多层隔振系统的固有频率间隔减小,从而更容易避开动力设备的扰动频率,以抑制共振峰值;但对动力设备的振动传递率产生不利影响,使其高频振动随频率变化的衰减量下降。若使惯容器的一端接地,另一端接中间质量,则相当于增加了中间质量的参振质量,可以保持原有隔振系统的隔振效果,从而解决了多层隔振系统的中间质量较大带来的弊端,可以减轻浮筏隔振装置的质量。

参考文献

[1] 段小帅,梁青,陈绍青,等. 双层隔振系统隔振效果评价与试验[J]. 振动测试与诊断,2010(6):694-697.

[2] 王光,董邦宜. 小中间质量双层隔振试验研究[J]. 噪声与振动控制,1989(4):28-43.

[3] Chen Michael Z Q, Hu Yinlong, Huang Lixi, et al. Influence of inerter on natural frequencies of vibration systems[J]. Sound and Vibration,2014,333(7):1874-1887.

[4] 沈荣瀛,卢峥. MTU 柴油发电机组隔振装置振动固有特性分析[J]. 振动与噪声控制,1994(3):2-7.

第5章 惯容-橡胶复合隔振器产品设计与校核分析

传统的橡胶隔振器对中、高频振动有着良好的隔振效果,然而对于低频振动,隔振效果较差甚至起不到隔振效果。前面分析了Ⅱ型ISD(Ⅱ-ISD)隔振系统的动力学特性,分析发现Ⅱ-ISD隔振系统具有较好的低频隔振性能,为了设计一款不但能对中、高频振动有较好的隔振效果,而且对低频振动有较好隔振效果的隔振器,本章基于Ⅱ-ISD隔振系统,将滚珠丝杠式惯容器设计到现有的一款橡胶隔振器中,并且对所设计的惯容-橡胶复合隔振器进行参数计算与校核,为惯容-橡胶复合隔振器的产品设计提供方法和依据。

5.1 惯容-橡胶复合隔振器设计基础与对象

5.1.1 Ⅱ-ISD 隔振系统分析

如图 5.1.1 所示,定义惯质比 $\eta = b/m$。为了从工程角度得出合适的惯质比和橡胶阻尼比,此处简单分析Ⅱ-ISD隔振系统的振动传递率。

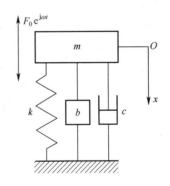

图 5.1.1 Ⅱ-ISD 隔振系统

图 5.1.2 为阻尼比 $\xi = 0.1$ 时,不同惯质比的传递率对比。当 $\eta = 0$ 时,系统退化为弹簧阻尼系统,此时的共振峰较高,固有频率较大;当 $\eta = 0.2$ 时,虽然共振峰有一定抑制,固有频率也有所降低,但是影响不大;当 $\eta = 0.8$ 或 $\eta = 1$ 时,虽然共振峰较低,固有频率较小,但是随着频率不断增大,传递率接近于1,隔振效果较差。综合上述分析,当 $\eta = 0.4 \sim 0.6$ 时,总体隔振效果较好。

图 5.1.3 为惯质比 $\eta = 0.6$ 时,不同阻尼比的传递率对比。当 $\xi < 0.1$ 时,传递率最小值较小,但共振峰较高;当 $\xi \geqslant 0.25$ 时,共振峰较低,但最小传递率较大;当 $\xi = 0.1 \sim 0.2$ 时,共振峰较低,最小传递率较小,所以当 $\xi = 0.1 \sim 0.2$ 时较为合适。

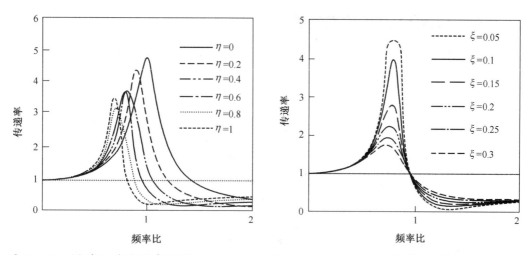

图 5.1.2　惯质比对传递率的影响($\xi=0.1$)　图 5.1.3　阻尼比对传递率的影响($\eta=0.6$)

5.1.2　惯容-橡胶复合隔振器设计对象

设计惯容-橡胶复合隔振器,就需要找出某一具体设计对象。本书选择如图 5.1.4 所示的 5DK-20 型柴油发电机组作为惯容-橡胶复合隔振器的设计对象。

图 5.1.4　5DK-20 型柴油发电机组

5DK-20 型柴油发电机组,有 5 个直列气缸,额定功率为 660kW,转速为 900r/min,干质量为 15200kg。除了柴油机和发电机,这套机器还有其他的一些配套设备,如增压器、空冷器、调速器、调速马达、空气马达、油泵等。

5.2　惯容器中滚珠丝杠副选型设计

滚珠丝杠式惯容器分为丝杠旋转式滚珠丝杠惯容器和螺母旋转式滚珠丝杠惯容器。本书选择螺母旋转式滚珠丝杠惯容器作为研究对象,结合某款橡胶隔振器的特点,将橡胶隔振器的贯穿螺栓设计为丝杠,这样螺母旋转式滚珠丝杠惯容器更加符合本书的设计。

5.2.1 滚珠丝杠副的滚道选型

滚珠丝杠副的滚道有矩形滚道(图5.2.1(a))、半圆弧滚道(图5.2.1(b))、双圆弧滚道(图5.2.1(c)三种类型)。

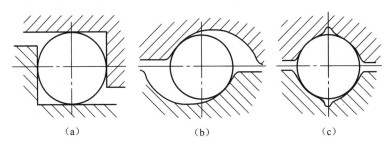

图 5.2.1　滚珠丝杠副的滚道类型
(a)矩形滚道;(b)半圆弧滚道;(c)双圆弧滚道。

矩形滚道制造容易,接触应力高;但承载能力低,只能用于轴向载荷小、要求不高的传动。半圆弧滚道加工方便,可以得到较高的加工精度,有较强的接触强度;但适应度较小,运行时摩擦损耗大,接触角不稳定。双圆弧滚道有较高的接触强度,轴向间隙和径向间隙理论上为零,接触角稳定。

综合考虑隔振器的使用场所较为恶劣,需要较高的接触强度等因素,本书采用双圆弧滚道进行滚珠丝杠副设计。

5.2.2 滚珠丝杠副的循环方式选型

滚珠丝杠副的循环方式有外循环和内循环两种方式,其中外循环方式有螺旋槽式(图5.2.2(a))、插管式(见图5.2.2(b))。内循环方式为镶块式(图5.2.2(c))。

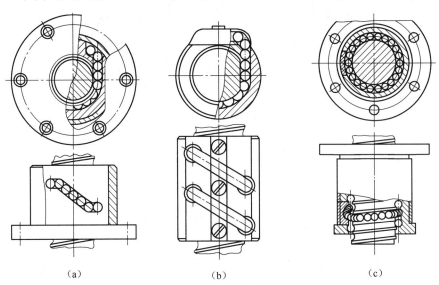

图 5.2.2　滚珠丝杠副的循环方式
(a)螺旋槽式;(b)插管式;(c)镶块式。

螺旋槽式结构简单,承载能力较高;但其回球槽与通孔连接处曲率半径较小,钢球的流畅性较差,并且挡球器端部易磨损。插管式结构简单,工艺性好,弯管可以制成钢球流畅性好的通道,螺母结构的外形尺寸较大,弯管端部可作挡球器;但耐磨性较差,其应用较为广泛。镶块式的螺母径向尺寸小,钢球循环通道短,有利于减少钢球数量,减少摩擦损失,提高传动效率。

综合三种循环方式,考虑到本书设计的隔振器中惯容器部分可利用的空间较小,滚珠丝杠副的螺母较小,且其外部还需要安装轴承,所以本书选用镶块式循环方式。

5.3 惯容器中滚珠丝杠副尺寸设计

图 5.3.1 为滚珠丝杠副的几何尺寸示意图,图中具体标示了几何尺寸及其符号表示,可根据文献[1]所给计算公式进行尺寸设计与计算。

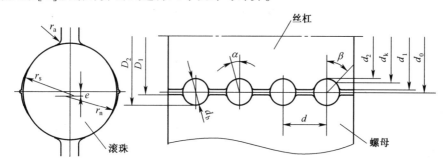

图 5.3.1 滚珠丝杠副几何尺寸示意图

5.3.1 惯容器公称直径设计

由于某橡胶隔振器的贯穿螺栓直径为 38mm,考虑到复合隔振器内部空间较小,将贯穿螺栓需要设计成丝杠部分的直径变小,同时考虑到制造的可行性和工艺性,设计公称直径 $d_0 = 25$mm。

5.3.2 惯容器导程设计

表 5.3.1 列出滚珠丝杠副的公称直径和导程之间的关系,当 $d_0 = 25$mm 时,导程 p 可以为 5mm、10mm、20mm 三种尺寸,考虑到滚珠丝杠副的逆向传动和隔振器内部空间局限性,优选 $p = 10$mm。

5.3.3 惯容器其他几何参数计算

接触角:$\beta = 45°$

滚珠直径:$d_b \approx 0.6 \times p = 0.6 \times 10 = 6$(mm)

丝杠、螺母的螺纹滚道半径:$r_s = r_n = 0.535 d_b = 0.535 \times 6 = 3.21$(mm)

滚道圆弧偏心距:$e = \left(r_s - \dfrac{d_b}{2} \right) \cdot \sin\beta = \left(3.21 - \dfrac{6}{2} \right) \cdot \sin 45° \approx 0.1485$(mm)

表 5.3.1　滚珠丝杠副的公称直径和导程关系　　　　　（mm）

公称直径	导程 1	2	2.5	3	4	5	6	8	10	12	16	20	25	32	40
6			●												
8			●												
10			●			●									
12			●			●			●						
16			●			●			●						
20					○	●			●			●			
25						●			●			●			
32					○	●			●			●			
40						●	○		●			●			●
50						●	○	○	●	○		●			●
63						●		○	●	○		●			●
80									●			●			●
100									●			●			●
125									●			●			●
180												●			●
200												●			●

注：应优选采用有●的组合，优选组合不够用时，推荐选用○的组合；只有优选组合和推荐组合都不够用时才选用表内的普通组合

导程角：$\alpha = \arctan \dfrac{p}{\pi d_0} = \arctan \dfrac{10}{\pi \times 25} \approx 7.2597°$

丝杠大径：$d_1 = d_0 - 0.225d_b = 25 - 0.225 \times 6 = 23.65 (\text{mm})$

丝杠小径：$d_2 = d_0 + 2e - 2r_s = 25 + 2 \times 0.1485 - 2 \times 3.21 = 18.877 (\text{mm})$

丝杠接触点直径：$d_k = d_0 - d_b \cdot \cos\beta = 25 - 6 \times \cos 45° \approx 20.757 (\text{mm})$

丝杠牙顶圆半径（内循环用）：$r_a = 0.125d_b = 0.125 \times 6 = 0.75 (\text{mm})$

螺母大径：$D_2 = d_0 - 2e + 2r_n = 25 - 2 \times 0.1485 + 2 \times 3.21 = 31.123 (\text{mm})$

螺母小径（内循环）：$D_1 = d_0 + 0.5(d_0 - d_1) = 25 + 0.5 \times (25 - 23.65) = 25.675 (\text{mm})$

5.4　滚珠丝杠式惯容器承载能力计算

5.4.1　惯容器轴向额定静、动载荷计算

轴向额定静载荷定义为在工作频率很小的情况下，滚珠丝杠副中受接触应力最大的的滚珠和滚道接触面产生塑性变形量之和为钢球直径万分之一时的轴向载荷。

为了求得滚珠丝杠副的轴向额定静载荷 C_{0a}，需要计算：

结构系数：$\gamma = d_b\cos\beta / d_0 = 6 \times \cos 45°/25 \approx 0.1697$

滚珠与丝杠之间的滚道适应度：$f_{rs} = r_s / d_b = 3.21/6 = 0.535$

滚珠与螺母之间的滚道适应度：$f_{rn} = r_n / d_b = 3.21/6 = 0.535$

轴向额定载荷的特性数：

$$k_0 = \frac{19.615}{\sqrt{d_b(2 - 1/f_{rs})/(1 - \gamma)}} = \frac{19.615}{\sqrt{6 \times (2 - 1/0.535)/(1 - 0.1697)}} \approx 20.1724$$

每圈承载滚珠数目：

$$Z_1 = \text{INT}\left[\frac{\pi d_0}{d_b}\right] = \text{INT}\left[\frac{\pi \times 25}{6}\right] = 13$$

设计承载滚珠圈数：$i = 4$

总的滚珠数目：$Z = i \cdot Z_1 = 4 \times 13 = 52$

所以，滚珠丝杠副的轴向额定静载荷为

$$C_{0a} = k_0 Z d_b^2 \sin\beta \cos\alpha = 20.1724 \times 52 \times 6^2 \times \sin 45° \times \cos 7.2597° \approx 26488.227 (\text{N})$$

此外，轴向额定动载荷可以定义为一组相同参数的滚珠丝杠副，在相同条件下，运转 10^6r，90%的（可靠度0.9，失效率0.1）的滚珠丝杠副（滚动体或滚道表面）不发生疲劳剥伤所能承受的纯轴向载荷。

为了求得滚珠丝杠副的轴向额定动载荷 C_a，还需要计算：

几何系数：

$$f_c = 93.2\left(1 - \frac{\sin\beta}{3}\right)\left(\frac{2f_{rs}}{2f_{rs} - 1}\right)^{0.41} \frac{\gamma^{0.3}(1 - \gamma)^{1.39}}{(1 + \gamma)^{1/3}}$$

$$= 93.2 \times \left(1 - \frac{\sin 45°}{3}\right) \times \left(\frac{2 \times 0.535}{2 \times 0.535 - 1}\right)^{0.41} \times \frac{0.1697^{0.3} \times (1 - 0.1697)^{1.39}}{(1 + 0.1697)^{1/3}}$$

$$\approx 93.7962$$

丝杠单圈轴向额定载荷：

$$C_s = f_c Z_1^{2/3} d_b^{1.8}(\cos\beta)^{0.86}(\cos\alpha)^{1.3}\tan\beta$$

$$= 93.7962 \times 13^{2/3} \times 6^{1.8} \times (\cos 45°)^{0.86}(\cos 7.2597°)^{1.3}\tan 45°$$

$$\approx 9582.952(\text{N})$$

参数：

$$\frac{C_s}{C_n} = \left(\frac{1 - \gamma}{1 + \gamma}\right)^{1.732}\left(\frac{2 - 1/f_{rn}}{2 - 1/f_{rs}}\right)^{0.41} = \left(\frac{1 - 0.1697}{1 + 0.1697}\right)^{1.732} \times \left(\frac{2 - 1/0.535}{2 - 1/0.535}\right)^{0.41} = 0.5523$$

所以，滚珠丝杠副的轴向额定动载荷为

$$C_a = C_s i^{0.86}\left[1 + \left(\frac{C_s}{C_n}\right)^{10/3}\right]^{-0.3} = 9582.952 \times 4^{0.86} \times \left[1 + 0.5523^{10/3}\right]^{-0.3}$$

$$\approx 30367.048(\text{N})$$

根据表5.4.1所列的滚珠丝杠副的材料及其热处理，这里优选滚珠丝杠副材料为GCr15，GCr15是一种合金含量较少、具有良好性能、应用较为广泛的高碳铬轴承钢。经过淬火加回火后具有高而均匀的硬度、良好的耐磨性、高的接触疲劳性能。

表 5.4.1　滚珠丝杠副的材料及其热处理

类别	适用范围	材料	热处理	硬度
精密丝杠	滚道长度≤1m	20CrMo	渗碳、淬火	(60±2)HRC
	滚道长度≤2.5m	42CrMo	高、中频加热、表面淬火	
	滚道长度>2.5m	38CrMoAl	渗氮	850HV
普通丝杠	各种尺寸	50Mn、60Mn、55	高、中频加热、表面淬火	(60±2)HRC
	公称直径≤40mm	GCr15	整体淬火、低温回火	(60±2)HRC
	公称直径≤40mm 滚道长度≤2m	9Mn2V		
	公称直径>40mm	GCr15SiMn		
	公称直径>40~80mm 滚道长度≤2m	CrWMn		
抗蚀丝杠		9Cr18	中频加热、表面淬火	56HRC
螺母		GCr15、CrWMn、9Cr18	整体淬火、低温回火	62HRC
		20CrMnTi、12Cr2Ni4	渗碳、淬火	
返向器	内循环	CrWMn、GCr15	整体淬火、低温回火	60±2HRC
		20CrMnTi、20Cr、40Cr	离子渗氮	850HV
挡球器	外循环	45、65Mn	整体淬火、低温回火	40~50HRC

为了得到更加精确的滚珠丝杠副的轴向额定静载荷和动载荷,还需要对之前所求滚珠丝杠副的轴向额定静载荷和动载荷进行修正。下面首先对滚珠丝杠副的轴向额定静载荷进行修正,并且需要计算:

(1)硬度修正系数:取 GCr15 的洛氏硬度为 62HRC,并且将其转化为维氏硬度为 766HV10,所以

$$f_h = \left(\frac{766}{654}\right)^3 \approx 1.6068$$

(2)精度修正系数:f_{ac} 的选取见表 5.4.2,取精度等级为 1 级,则 $f_{ac} = 1.0$。

表 5.4.2　滚珠丝杠副精度修正系数

精度等级	1~5	7	10
f_{ac}	1.0	0.9	0.7

滚珠丝杠副的轴向额定静载荷可以修正为

$$C_{0am} = f_h f_{ac} C_{0a} = 1.6068 \times 1.0 \times 26488.227 \approx 42561.28(N)$$

下面对滚珠丝杠副的轴向额定动载荷进行修正,为了修正滚珠丝杠副的轴向额定动载荷,还需要计算材料冶炼方法系数 f_m。

GCr15 的冶炼流程[2]:电炉流程,电炉、炉外精炼、连铸或模铸、轧制;转炉流程,高炉、铁水预处理、转炉炉外精炼、连铸、轧制。特种冶炼方法为真空感应炉(VIM)、电渣重熔(ESR)、轧制或锻造。

由于 GCr15 的冶炼流程中包含电炉流程,所以根据表 5.4.3 可知 $f_m = 1.44$。

表 5.4.3　滚珠丝杠副材料冶炼方法系数

冶炼方法	空气熔炼	真空脱气	电渣重熔	真空再熔
f_m	1.0	1.25	1.44	1.71

滚珠丝杠副的轴向额定动载荷可以修正为

$$C_{am} = f_h f_{ac} f_m C_a = 2.0441 \times 1.0 \times 1.44 \times 30367.048 \approx 89385.53(N)$$

5.4.2　惯容器使用寿命计算

5DK-20 型柴油发电机组额定转速 $n_n = 900r/min$,干质量 $m = 15200kg$,所以柴油发电机组在额定转速下的扰动基频为 15Hz。一般来说,安装有隔振器的柴油发电机组在额定工况下,振动位移幅值一般不会超过 2mm。本书设计的惯容-橡胶复合隔振器中的丝杠单向位移在实际使用中不会超过 2mm,取最大位移幅值 $A_{max} = 2mm$。根据本书设计的滚珠丝杠副导程 $p = 10mm$,可得到螺母的当量转速为

$$n_m = \frac{4fA_{max}}{p} \times 60 = \frac{4 \times 15 \times 2}{10} \times 60 = 720(r/min)$$

为了防止使用本书设计的惯容-橡胶复合隔振器时其中的惯容部分出现高频卡死,本书采用有间隙的滚珠丝杠副。由于 5DK-20 型柴油发电机组底部均匀分布 8 个隔振器,所以每个隔振器所承受的额定基础静载荷为

$$F_{m0} = \frac{m_{diesel} \cdot g}{8} = \frac{15200 \times 9.8}{8} = 18620(N)$$

在工程上,柴油发电机组振动的最大动载荷幅值一般不会超过额定基础静载荷20%,所以本书取振动最大动载荷幅值为 $F_{m,max} = 20\% \cdot F_{m0} = 18620 \times 0.2 = 3724(N)$

而最小动载荷 $F_{m,min}$ 可以取 0。

稳定的周期动载荷为

$$F_m = \frac{2F_{m,max} + F_{m,min}}{3} = \frac{2 \times 3724 + 0}{3} \approx 2482.67(N)$$

为了计算出滚珠丝杠副的寿命,还需要确定:

可靠性系数 f_{rc}:可以参照表 5.4.4 选取,取可靠度为 0.9,得到 $f_{rc} = 1$。

载荷系数 f_F:可以参照表 5.4.5 选取,取载荷性质为平稳冲击,得到 $f_F = 1$。

表 5.4.4　可靠性系数

可靠度	0.90	0.95	0.96	0.97	0.98	0.99
f_{rc}	1.0	0.62	0.53	0.44	0.33	0.21

表 5.4.5　载荷系数

载荷性质	载荷系数
平稳或轻微冲击	1.0~1.2
中等冲击	1.2~1.5
较大冲击和振动	1.5~2.5

滚珠丝杠副的寿命为

$$L = f_{rc}\left(\frac{C_{am}}{f_F F_m}\right)^3 = 1 \times \left(\frac{89385.53}{1 \times 2482.67}\right)^3 \approx 46670.74(10^6 r)$$

将以转数为单位的寿命转化为化成时间制,寿命为

$$L_h = \frac{10^6 L}{60 n_m} = \frac{10^6 \times 46670.74}{60 \times 720} \approx 1080341.11(h)$$

考虑到工作环境中的各种恶劣因素,如不能及时更换清洗润滑油、腐蚀生锈、点蚀、摩擦等,所以寿命还应该以寿命系数 L_{co} 进行修正。取 $L_{co} = 8$,得到修正后的寿命为

$$L'_h = \frac{L_h}{L_{co}} = \frac{1080341.11}{8} \approx 135042.64(h)$$

修正后的寿命大概是 15 年,根据表 5.4.6 所列的滚珠丝杠副的寿命要求,本书设计的滚珠丝杠副显然满足条件。

表 5.4.6　滚珠丝杠副的寿命要求

机械类型	预期寿命 L'_h/h
普通机械	5000~10000
普通金属切削机床	10000
数控机床、精密机械	15000
测试机械、仪器	15000
航空机械	1000

5.4.3　惯容器轴向刚度计算

滚珠丝杠副的轴向刚度可以分为丝杠的轴向刚度和螺母的轴向刚度。螺母的轴向刚度又可以分为径向载荷引起的轴向刚度和滚珠与滚道的接触刚度。为了得到轴向静刚度,下面首先计算丝杠的轴向刚度。

为了得到丝杠的轴向刚度,还需要计算:

丝杠当量直径: $d_c = d_0 - d_b\cos\beta = 25 - 6 \times \cos 45° \approx 20.7574(mm)$

64

丝杠中心孔直径：本设计中取丝杠中心孔直径 $d_{b0} = 0$

丝杠截面面积：$A_s = \dfrac{\pi}{4}(d_c^2 - d_{b0}^2) = \dfrac{\pi}{4} \times (20.7574^2 - 0^2) \approx 338.4042(\text{mm}^2)$

弹性模量：轴承钢 GCr15 的弹性模量 $E = 206\text{GPa}$

丝杠长度：根据橡胶隔振器的贯穿螺栓长度，设计丝杠长度 $l_s = 200\text{mm}$

丝杠的轴向刚度为

$$R_s = \frac{A_s E}{10^3 l_s} = \frac{338.4042 \times 206 \times 10^3}{10^3 \times 200} \approx 348.5563(\text{N}/\mu\text{m})$$

计算螺母的轴向刚度。首先计算径向载荷引起的轴向刚度。为此，还需要计算螺母当量直径：

$$D_c = d_0 + d_b\cos\beta = 25 + 6 \times \cos 45° \approx 29.2426(\text{mm})$$

径向载荷引起的轴向刚度为

$$
\begin{aligned}
R_{n1} &= \frac{2\pi i p E \tan\beta}{10^3 \times \left(\dfrac{D_c^2 + D_1^2}{D_c^2 - D_1^2} + \dfrac{d_c^2 + d_{b0}^2}{d_c^2 - d_{b0}^2}\right)} \\
&= \frac{2\pi \times 4 \times 25 \times 206 \times 10^3 \times \tan 45°}{10^3 \times \left(\dfrac{29.2426^2 + 25.675^2}{29.2426^2 - 25.675^2} + \dfrac{20.7574^2 + 0^2}{20.7574^2 - 0^2}\right)} \\
&\approx 14827.6672(\text{N}/\mu\text{m})
\end{aligned}
$$

计算滚珠与滚道的接触刚度，为此，还需要计算：

滚珠与丝杠滚道的综合曲率：

$$\rho_{\Sigma s} = \frac{1}{d_b}\left(4 - \frac{1}{f_{rs}} + \frac{2}{1/\gamma - 1}\right) = \frac{1}{6} \times \left(4 - \frac{1}{0.535} + \frac{2}{1/0.1697 - 1}\right) \approx 0.4233$$

滚珠与螺母滚道的综合曲率：

$$\rho_{\Sigma n} = \frac{1}{d_b}\left(4 - \frac{1}{f_{rn}} - \frac{2}{1/\gamma + 1}\right) = \frac{1}{6} \times \left(4 - \frac{1}{0.535} - \frac{2}{1/0.1697 + 1}\right) \approx 0.3068$$

辅助值：

$$\tau_s = \arccos\left|1 - \frac{4 - 2/f_{rs}}{d_b\rho_{\Sigma s}}\right| = \arccos\left|1 - \frac{4 - 2/0.535}{6 \times 0.4233}\right| \approx 26.2377°$$

$$\tau_n = \arccos\left|1 - \frac{4 - 2/f_{rn}}{d_b\rho_{\Sigma n}}\right| = \arccos\left|1 - \frac{4 - 2/0.535}{6 \times 0.3074}\right| \approx 30.8938°$$

$$
\begin{aligned}
Y_s &= -0.1974\sqrt[4]{\sin\tau_s} + 1.728\sqrt{\sin\tau_s} - 0.2478\sin\tau_s \\
&= -0.1974 \times \sqrt[4]{\sin 26.2377°} + 1.728 \times \sqrt{\sin 26.2377°} - 0.2478 \times \sin 26.2377° \\
&\approx 0.8784
\end{aligned}
$$

$$
\begin{aligned}
Y_n &= -0.1974\sqrt[4]{\sin\tau_n} + 1.728\sqrt{\sin\tau_n} - 0.2478\sin\tau_n \\
&= -0.1974 \times \sqrt[4]{\sin 30.8938°} + 1.728 \times \sqrt{\sin 30.8938°} - 0.2478 \times \sin 30.8938° \\
&\approx 0.9439
\end{aligned}
$$

参数：$c_k = Y_s\sqrt[3]{\rho_{\Sigma s}} + Y_n\sqrt[3]{\rho_{\Sigma n}} = 0.8784 \times \sqrt[3]{0.4233} + 0.9439 \times \sqrt[3]{0.3068} \approx 1.2962$

GCr15 的刚度特性系数：

$$k = 10Z_1(\sin\beta\cos\alpha)^{2.5}c_k^{-1.5}$$
$$= 10 \times 18 \times (\sin45° \times \cos7.2597°)^{2.5} \times 1.2962^{-1.5} \approx 50.2618$$

滚珠与滚道的接触刚度为

$$R_{n2} = 1.5\sqrt[3]{F_m(ik)^2} = 1.5 \times \sqrt[3]{2482.67 \times (4 \times 50.2618)^2} \approx 697.0484(\text{N}/\mu\text{m})$$

根据表 5.4.7 可得到滚珠丝杠副的刚度精度系数 $f_{ar} = 0.6$。综合径向载荷引起的轴向刚度 R_{n1} 与滚珠与滚道的接触刚度 R_{n2} 可以计算螺母的轴向刚度为

$$R_n = f_{ar}\frac{R_{n1}R_{n2}}{R_{n1} + R_{n2}} = 0.6 \times \frac{14827.6672 \times 697.0484}{14827.6672 + 697.0484} \approx 665.7514(\text{N}/\mu\text{m})$$

综上所述，滚珠丝杠副的轴向刚度为

$$R_n = \frac{R_sR_n}{R_s + R_n} = \frac{348.5563 \times 665.7514}{348.5563 + 665.7514} \approx 228.7785(\text{N}/\mu\text{m})$$

表 5.4.7　滚珠丝杠副的刚度精度系数

精度等级	1	2	3	4	5
f_{ar}	0.6	0.58	0.55	0.53	0.5

5.5　复合隔振器其他部件的设计计算

5.5.1　飞轮的设计

螺母旋转式滚珠丝杠惯容器中的飞轮与螺母安装在一起，两者不再严格区分，所以，本书将飞轮与螺母一体化设计。飞轮在惯容器中主要起到储能的作用，通过丝杠的推动，转化为飞轮的旋转动能，能量将以旋转动能的形式储存在飞轮中，当释放能量时，根据能量守恒原理，飞轮的旋转速度会降低，能量将从飞轮释放给丝杠，从而起到抑制振动的作用。对于飞轮，采用等应力设计时，可达到最大储能密度。表 5.5.1 给出了 9 种飞轮几何形状及形状系数。

表 5.5.1　飞轮几何形状及形状系数

名称	几何形状	形状系数
等应力圆盘		1.0
修正的等应力圆盘		0.931
圆锥断面圆盘		0.806
带轮箍等厚圆盘		0.606
薄轮缘		0.500
成型杆		0.500

名称	几何形状	形状系数
带轮箍轮缘		0.400
棒状		0.333
空心等厚圆盘		0.305

根据表 5.5.1 中给出了的 9 种不同的几何形状飞轮结构及其形状系数,选择带轮箍等厚圆盘,其形状系数为 0.606。但在实际应用时,发现带轮箍等厚圆盘的飞轮难以设计到隔振器内部,所以在本书设计中,根据飞轮的质量集中于边上的特性,同时考虑到隔振器内部结构尺寸的限制,将带轮箍等厚圆盘的飞轮的轮箍从中间位置设计到顶部,并且做出适当改进。此外,考虑到加工的难度与安装的方便性,将飞轮和螺母一体化设计,具体设计的飞轮结构如图 5.5.1 所示。

轴承钢 GCr15 的密度 $\rho_{GCr15} = 7810\,\text{kg/m}^3$,利用滚珠丝杠式惯容器理想线性惯质系数的计算公式 $b_{\text{liner}} = (2\pi/p)^2 \cdot J_1$,可以初步计算惯质系数为 1005.57kg。

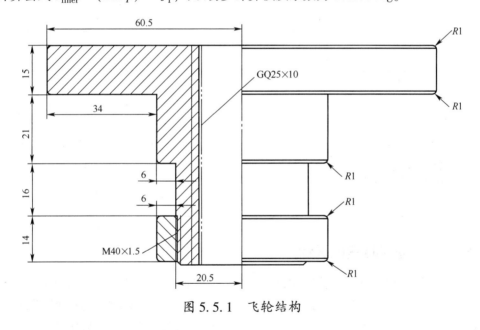

图 5.5.1　飞轮结构

5.5.2　轴承的选用

轴承是支承轴颈的部件,有时也用于支承轴上的回转零件。按照承受载荷的方向,轴承可分为径向轴承和推力轴承。按照摩擦性质,可以分为摩擦轴承和滚动轴承。本书设计中所需的轴承既需要承受径向力,也需要承受轴向力,而且摩擦要小,不需要频繁地更换添加润滑介质。综上所述,本书设计选用深沟球轴承。

本书设计的复合减振器选用的深沟球轴承代号为 6009,品牌可以选择瑞典 SKF、日本 NSK、德国 FAG、美国 TIMKEN、中国 HRB 等。图 5.5.2 为 6009 深沟球轴承的尺寸示意图,它的几何参数见表5.5.2,物理参数见表5.5.3。

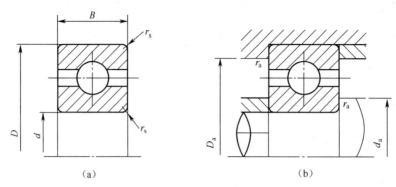

图 5.5.2　6009 深沟球轴承尺寸示意图

(a)基本尺寸;(b)安装尺寸。

表 5.5.2　6009 深沟球轴承几何参数

基本尺寸				安装尺寸		
D	d	B	r_s	D_a	d_a	r_a
75	45	16	1	69	51	1

表 5.5.3　6009 深沟球轴承物理参数

参数	数值
质量 m/kg	0.230
基本径向额定动载荷 C_r/N	21000
基本径向额定静载荷 C_{0r}/N	14800
极限转速 n_G/(r/min)	10000
参考速度 n_B/(r/min)	8000

5.5.3　顶盖和底座的设计

本书设计的复合隔振器属于支承式隔振方式,放置在柴油发电机组的台座下,因此,顶盖和底座的材料在压缩时的力学性能应比较稳定,且不易破坏。鉴于这种考虑,选用结构钢,这种钢材一般用于承载用途。图5.5.3为顶盖结构,图5.5.4为底座结构。

5.5.4　橡胶金属复合件的设计

橡胶在隔振中应用极为广泛,其主要优点:它可以根据需要,易成形,添加其他材料后硬度也易调整,并且弹性好强度高;它的使用可降低隔振器固有频率,还有较高的阻尼;在拉、压、剪切和扭转受力情况下,变形都比较大,不会产生自激效应。

本书设计选取丁基橡胶,丁基橡胶是合成橡胶的一种,由异丁烯和少量异戊二烯合成。丁基橡胶阻尼材料具有良好的阻尼性能,材料密度为920kg/m³,泊松比为0.4,材料的弹性模量和损耗因子随着频率而变化,在常温下的弹性模量和损耗因子如图5.5.5

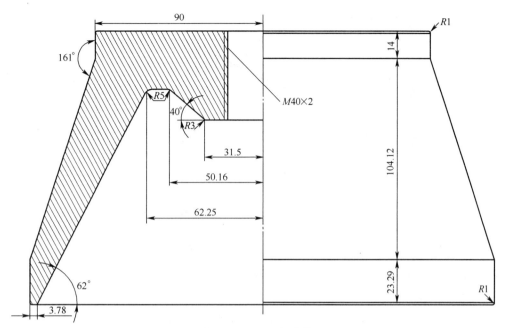

图 5.5.3　顶盖结构

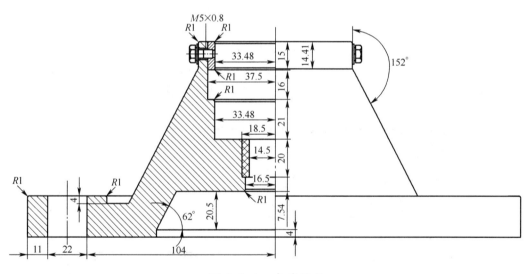

图 5.5.4　底座结构

所示[3,4]。

为了减小橡胶的横向变形,提高橡胶的隔振性能和寿命,并且不至于橡胶的大变形碰撞到飞轮或者碰到顶盖和底座,所以将金属件安置在橡胶的两侧以及中间,金属件的材料也选用结构钢。橡胶金属复合件结构如图 5.5.6 所示。

以 5DK-20 型柴油发电机组为设计对象,其总体质量为 15200kg,布置 8 个隔振器,每个隔振器所需承受的参振质量为 1900kg 左右。柴油发电机组转速为 900r/min,即扰动力的基频 $f = 15$Hz。

根据对 Ⅱ 型 ISD 隔振系统的分析以及对飞轮的设计,惯质系数 $b = 1005.57$kg,得到

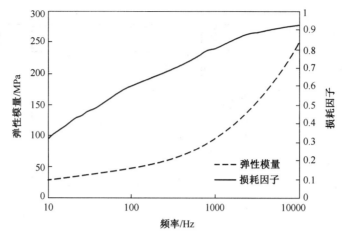

图 5.5.5　丁基橡胶的损耗因子和弹性模量

惯质比 $\eta \approx 0.529$,所以:

传递率最小处的频率比为

$$z = 1/\sqrt{\eta} = 1/\sqrt{0.529} \approx 1.37$$

橡胶金属复合件的固有频率为

$$f_n = f/z = 15/1.37 \approx 10.91(\text{Hz})$$

橡胶金属复合件的动刚度为

$$k_d = m(2\pi f_n)^2 = 1900 \times (2\pi \times 10.91)^2/10^6 \approx 8.93(\text{kN/mm})$$

在工程中,橡胶金属复合件动刚度为其静刚度的 1.5 倍左右,即设计橡胶金属复合件的静刚度 $k = 5.95\text{kN/mm}$。此外,初步设计橡胶金属复合件阻尼比 $\xi \approx 0.1$。

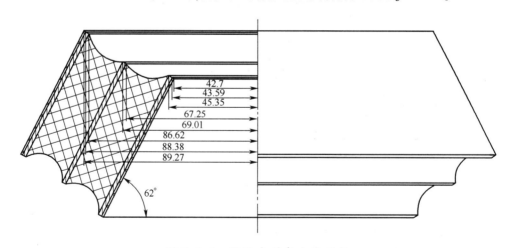

图 5.5.6　橡胶金属复合件结构

5.5.5　贯穿螺栓的设计

图 5.5.7 为贯穿螺栓结构。贯穿螺栓的设计可以分为三个部分:第一部分是顶部与顶盖通过螺纹连接的部分;第二部分是中部和螺母(飞轮)组成滚珠丝杠副的丝杠部分;

第三部分是底部和限位底盘及其硫化于其表面的橡胶套连接的螺纹段。

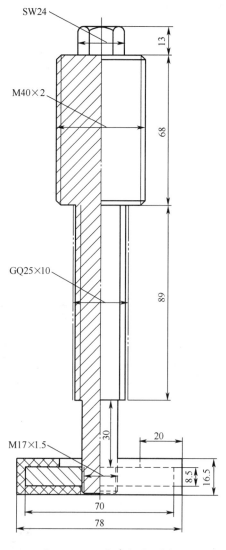

图 5.5.7　贯穿螺栓结构

5.6　惯容-橡胶复合隔振器的建模与有限元前处理

5.6.1　惯容-橡胶复合隔振器的三维建模

惯容-橡胶复合隔振器的三维模型可以用 Pro/E、UG、Solidworks 等建模软件,本书选用 UG 建模软件。建立三维模型的目的是为了进行有限元仿真计算,因此,对于所设计的模型需要进行合理的简化,如用绑定连接代替螺纹连接,去掉次要的螺栓副等。

图 5.6.1 为飞轮的三维模型及其剖面模型,图中包括飞轮本体模型、与飞轮通过螺纹连接的轴承内圈下限位环、防止横向卡死的橡胶圈。图 5.6.2 为轴承的三维模型,图中将

轴承的保持架与防尘盖省略,因为仿真过程中保持架与防尘盖不是主要因素。图5.6.3为贯穿螺栓及滚珠组合的三维模型,图中还包括与贯穿螺栓底部螺纹连接的限位底盘以及硫化于底盘上的橡胶套。图5.6.4为橡胶金属复合件的三维模型及其剖面模型,图中从最外层向内依次是外层薄橡胶圈、外层金属圈、外层隔振橡胶、中间金属圈、内层隔振橡胶、内层金属圈、内层薄橡胶圈。图5.6.5为顶盖的三维模型及其剖面模型,图中将顶盖的中心内螺纹省去,仿真时可以用绑定连接代替螺纹连接,这样既方便建立网格模型,也节省了计算机资源。图5.6.6为底座的三维模型及其剖面模型,图中省去了底座用于与基础连接的螺栓孔,因为底座与基础之间可以设置固定支承,无需螺栓进行连接。图中还包括防止贯穿螺栓与底座横向撞击的橡胶圈以及轴承外圈的上限位环,轴承外圈的上限位环原本应该是通过螺栓固定于底座,此处将螺栓省去,在仿真过程中可以用绑定连接代替。将上述所有模型进行装配,便可得到图5.6.7所示的惯容-橡胶复合隔振器的整体三维模型及其剖面模型。

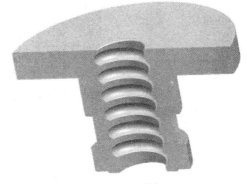

（a） （b）

图 5.6.1 飞轮的三维模型及剖面模型

(a)三维模型;(b)剖面模型。

图 5.6.2 轴承的三维模型　　　　图 5.6.3 贯穿螺栓与滚珠的三维模型

图 5.6.4 橡胶金属复合件的三维模型及剖面模型

(a)三维模型;(b)剖面模型。

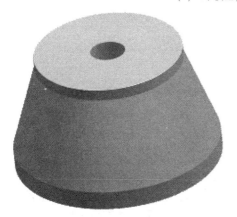

（a）（b）

图 5.6.5 顶盖的三维模型及剖面模型

(a)三维模型;(b)剖面模型。

（a）（b）

图 5.6.6 底座的三维模型及剖面模型

(a)三维模型;(b)剖面模型。

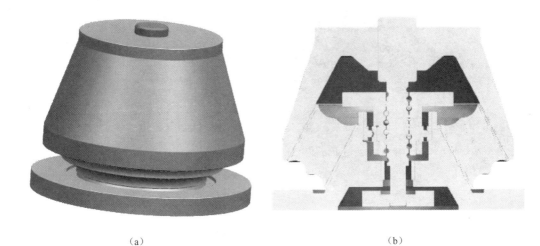

（a） （b）

图 5.6.7　惯容-橡胶复合隔振器的三维模型及剖面模型

(a)三维模型;(b)剖面模型。

5.6.2　惯容-橡胶复合隔振器有限元建模

将惯容-橡胶复合隔振器的三维模型从 UG 中以"x_t"格式导出,并且导入 ANSYS Workbench 软件,定义贯穿螺栓、飞轮、滚珠丝杠副中的滚珠以及轴承部分的材料为轴承钢 GCr15,定义其他部件的材料为结构钢,定义模型中几个橡胶部分的材料为 Neoprene rubber 模型。

网格划分部分设置滚珠丝杠副中的滚珠以及轴承里面的滚珠单元尺寸为 1mm 左右,为了不至于有限元模型过于庞大,其他部分都设置 5mm 左右的单元尺寸,以节约计算机资源,减少计算时间。图 5.6.8 为飞轮的有限元模型,图 5.6.9 为轴承的有限元模型,图 5.6.10 为贯穿螺栓及滚珠的有限元模型,图 5.6.11 为橡胶金属复合件的有限元模型,图 5.6.12 为顶盖的有限元模型,图 5.6.13 为底座的有限元模型。

图 5.6.8　飞轮的有限元模型　　　　　图 5.6.9　轴承的有限元模型

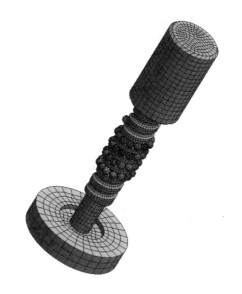

图 5.6.10　贯穿螺栓及滚珠的有限元模型　图 5.6.11　橡胶金属复合件的有限元模型

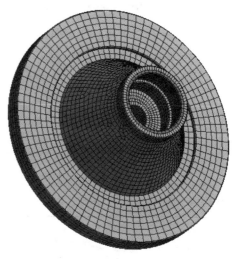

图 5.6.12　顶盖的有限元模型　　　　图 5.6.13　底座的有限元模型

5.7　惯容-橡胶复合隔振器模态分析

模态是机械结构的固有振动特性,每一个模态具有特定的模态振型。对于 5DK-20 型柴油发电机组,其扰动频率为 15Hz,根据图 5.7.1 所示的传递函数与频率比的关系曲线,只有当扰动频率比上隔振系统的固有频率大于 $\sqrt{2}$ 时才有隔振效果。因此,有必要分析惯容-橡胶复合隔振器的模态。

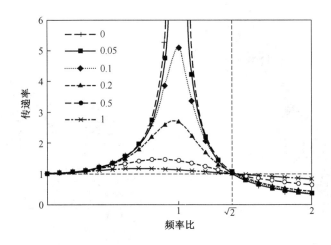

图 5.7.1　传递率与频率比的关系

利用 ANSYS Workbench 软件仿真计算,在底座的底部加载固定支承约束,在顶盖定义质量单元,加载重力载荷,以等效一个隔振器所需承担的柴油机组质量。得到了如图 5.7.2 所示惯容-橡胶复合隔振器的前 8 阶模态,第 1 阶频率为 5.06Hz,而扰动基频为 15Hz,$15/5.06 \approx 2.96 > \sqrt{2}$,所以能有效避开共振。

第 2 阶到第 8 阶固有频率如表 5.7.1 所列,显然都避开了共振区。第 2 阶和第 3 阶、第 4 阶和第 5 阶、第 7 阶和第 8 阶频率相近,对比图 5.7.2(b)和(c)、图 5.7.2(d)和(e)、图 5.7.2(g)和(h),发现这三对振型图均表现为横向正交振动,所以三对振动频率两两相近可以看成是振动特征方程的重根。

表 5.7.1　惯容-橡胶复合隔振器 8 阶固有频率

阶数	一	二	三	四	五	六	七	八
频率/Hz	5.06	7.37	7.53	25.37	25.66	50.07	80.98	80.99

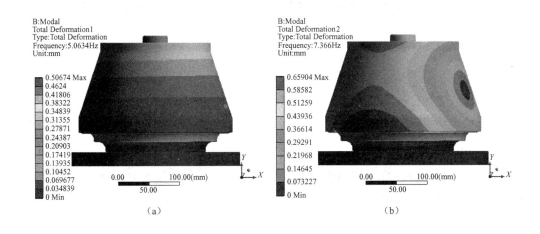

（a）　　　　　　　　　　　　　　　　（b）

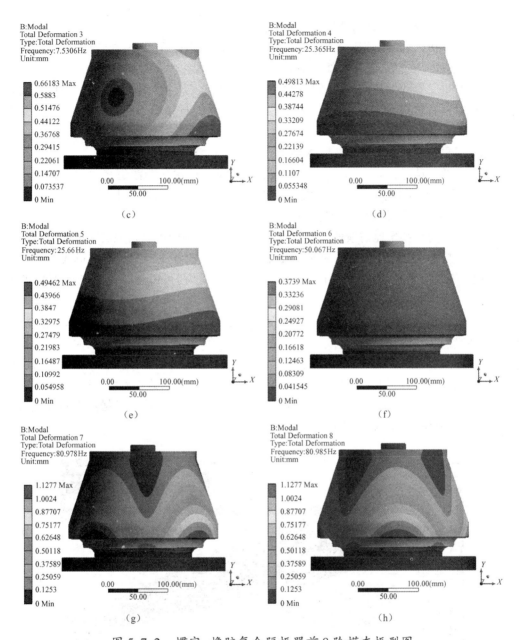

图5.7.2 惯容-橡胶复合隔振器前8阶模态振型图

(a)第1阶固有频率为5.06Hz;(b)第2阶固有频率为7.37Hz;(c)第3阶固有频率为7.53Hz;

(d)第4阶固有频率为25.37Hz;(e)第5阶固有频率为25.66Hz;(f)第6阶固有频率为50.07Hz;

(g)第7阶固有频率为80.98Hz;(h)第8阶固有频率为80.99Hz。

5.8 惯容-橡胶复合隔振器力学性能仿真分析

5.8.1 惯容结构仿真分析

惯容部分包括滚珠丝杠副和轴承。由于惯容部分在隔振器承受静载时不受力只承受

动载荷,所以惯容部分仿真前处理步骤如下:

(1) 对整体惯容−橡胶复合隔振器有限元模型做适当处理,将滚珠丝杠副中的滚珠、飞轮、贯穿螺栓以及轴承之外的部分全部抑制掉。

(2) 对贯穿螺栓添加一个对地移动副,模拟工作状况下贯穿螺栓的上下移动;对飞轮添加一个对地旋转副,模拟工作状况下飞轮的来回旋转;对轴承外圈施加固定支承,模拟实际工作中轴承外圈固定于底座。

(3) 对贯穿螺栓顶部施加 3724N 的力以模拟工作载荷。

(4) 设置滚珠丝杠副中的滚珠与滚道之间、轴承中的滚珠与滚道之间的接触为摩擦接触,摩擦系数为 0.17,其他接触区域设为绑定接触,法向接触刚度因子为 0.8,采用增强拉格朗日接触公式进行非对称行为计算。

图 5.8.1 为贯穿螺栓与滚珠的等效应力云图。从云图中可以发现贯穿螺栓的危险截面上的等效应力为 25.813MPa。从放大图中可以看出,随着丝杠截面从滚道底部增大到滚道顶部,等效应力也在随之减小。因此,为了减小应力,可以适当增大危险截面的截面积。

贯穿螺栓最大应力部位发生在与上层滚珠接触的部位,最大应力为 45MPa,仍然满足强度条件。但是,其应力大小是危险截面所承受应力的 2 倍,这是由于滚道面与滚珠接触近似呈点接触,导致的应力集中。为了不至于丝杠滚道接触面应力过大而被破坏,可以在滚道表面做特殊处理,如喷涂铁氟龙、表面淬火等,这样既可以减小表面摩擦力,也有助于增大表面硬度,提高使用寿命。从最大应力放大图可以看出,应力从接触点中心位置向外逐渐减小,基本符合赫兹接触理论。

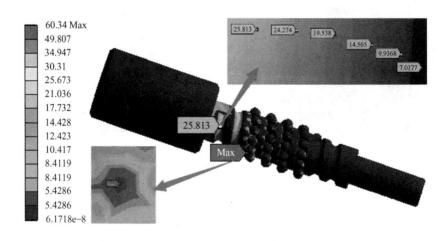

图 5.8.1 贯穿螺栓与滚珠的等效应力云图

从图 5.8.1 所示的贯穿螺栓与滚珠接触的受力云图、图 5.8.2 所示的飞轮与滚珠接触的受力云图看,显然滚珠丝杠副中的上部分接触副所承受的应力大于下部分接触副,下部分滚珠所承受的应力很小。由于滚珠数量的增多,会导致摩擦有所增大,降低传动效率。所以,为了得到合适的滚珠数量,分别取滚珠 1 圈、1.5 圈、2 圈、2.5 圈、3 圈、3.5 圈进行仿真分析,得到图 5.8.3 所示的不同圈数下贯穿螺栓与滚珠接触的等效应力云图。

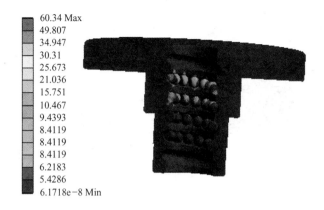

60.34 Max
49.807
34.947
30.31
25.673
21.036
15.751
10.467
9.4393
8.4119
8.4119
8.4119
6.2183
5.4286
6.1718e−8 Min

图 5.8.2　飞轮与滚珠的等效应力云图

101.23 Max
49.807
34.947
30.31
25.673
21.036
17.732
14.428
12.423
10.417
8.4117
8.4117
5.4286
5.4286
4.5588e−9 Min

101.23

（a）

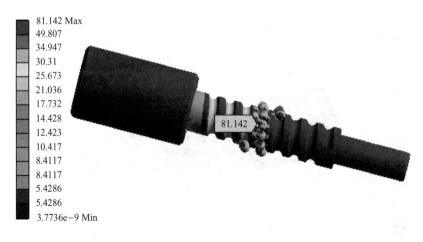

81.142 Max
49.807
34.947
30.31
25.673
21.036
17.732
14.428
12.423
10.417
8.4117
8.4117
5.4286
5.4286
3.7736e−9 Min

81.142

（b）

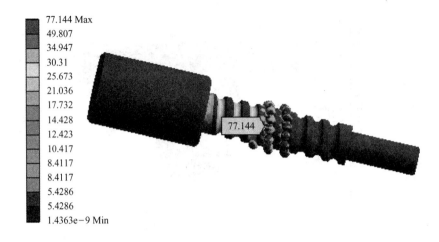

（c）

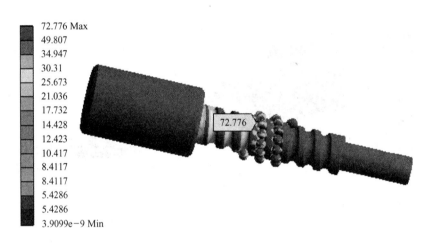

（d）

（e）

（f）

图 5.8.3　不同圈数滚珠下贯穿螺栓与滚珠接触的等效应力云图

（a）1 圈滚珠；（b）1.5 圈滚珠；（c）2 圈滚珠；（d）2.5 圈滚珠；（e）3 圈滚珠；（f）3.5 圈滚珠。

　　根据图 5.8.3 得到了表 5.8.1 所列的性能比，滚珠圈数为 1 圈和 1.5 圈时，整体所承受的应力较大，分别为 101.23MPa 和 81.142MPa，每个滚珠均能充分传递载荷，但是会导致传动不够稳定；滚珠圈数为 2 圈时，整体所承受的应力为 77.144MPa，每个滚珠基本能充分传递载荷；滚珠圈数为 2.5 圈时，整体所承受的应力为 72.776MPa，但是已经出现承受载荷较小的空闲滚珠了；滚珠圈数为 3 圈和 3.5 圈时，整体所承受的应力较小，分别为 74.819MPa 和 60.806MPa，但是空闲滚珠数量较多，会造成传动摩擦较大。综合考虑到滚珠丝杠副的传动稳定性和摩擦，滚珠在 2~2.5 圈之间较为合适。

表 5.8.1　不同圈数滚珠下性能对比

滚珠圈数/圈	最大应力/MPa	空余滚珠数
1	101.23	无
1.5	81.142	少
2	77.142	少
2.5	72.776	较少
3	74.819	较多
3.5	60.806	多

　　图 5.8.4 为轴承滚珠的等效应力云图。从图中可以看出，轴承滚珠所承受的应力基本都相等，最大应力值为 54.828MPa，与滚珠丝杠副中的应力分布原理类似，也是由于接触近似呈点接触而导致的。虽然每个轴承滚珠的等效应力都不小于 45MPa，却远小于轴承钢的强度许用值。

　　图 5.8.5 为轴承内外圈的等效应力云图。从图中可以看出，轴承内、外圈承受最大应力发生在与轴承滚珠接触的区域，只有 26.417MPa，远远小于轴承钢的强度许用值，符合强度条件。

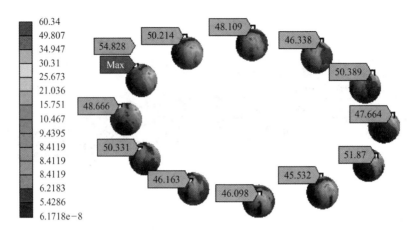

图 5.8.4 轴承滚珠的等效应力云图

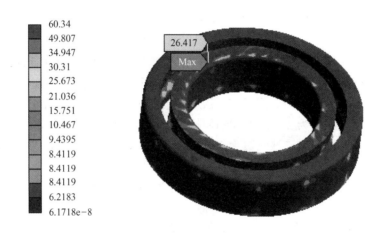

图 5.8.5 轴承内、外圈的等效应力云图

5.8.2 橡胶部分仿真分析

橡胶部分包括顶盖、底座以及橡胶金属复合件。弹性元件部分不但承受动载荷,还要承受静载荷,所以弹性元件部分仿真前处理步骤如下:

(1)对整体惯容-橡胶复合隔振器有限元模型做适当处理,将顶盖、橡胶金属复合件、底座之外的部分全部抑制掉。

(2)在顶盖顶部加载 22344N 的载荷,模拟最大冲击力下橡胶金属复合件所承受的应力;对底座的底部添加固定支承,模拟隔振器固定于基础上。

(3)打开大位移选项。

(4)设置各个部分之间的接触为绑定接触。

(5)设置 1s 的作用时间,初始步长为 10,最小步长为 5,最大步长为 100 进行计算。

图 5.8.6 为在顶盖顶部加载 22344N 的载荷时顶盖与底座部分的等效应力云图。从图中可以看出,最大应力处发生在顶盖的中心孔上,最大为 5.9252MPa,而结构钢的屈服强度为 235MPa,其许用强度为 235/4 = 58.75MPa,所以顶盖和底座部分满足强度条件。

图 5.8.7 为在顶盖顶部加载 22344N 的载荷时橡胶部分的等效应力云图。从图中可以看出,最大应力只有 1.652MPa,出现在橡胶和中间金属件接触的部位。橡胶材料受剪切时的许用剪切应力值为 2MPa,承受压应力时的许用应力为 5MPa,所以橡胶部分满足强度条件。

图 5.8.8 为在顶盖顶部加载 22344N 的载荷时金属件部分的等效应力云图。从图中可以看出,三个金属件所受的应力从大到小依次是中间金属件、最外层金属件、最内层金属件。最大应力为 47.381MPa,出现在中间金属件上,也是整个弹性元件部分的最大应力值。但是结构钢的应力许用值为 58.75MPa,所以金属件部分仍然满足强度条件。

图 5.8.9 为在顶盖顶部加载 22344N 的载荷时整个橡胶金属复合件部分的等效应变云图。从图中可以看出,橡胶金属复合件部分的应变从最外层橡胶向内部逐渐减小。最大应变为 1.7389mm,而设计时给整个惯容-橡胶复合隔振器预留了上、下各 4mm 的最大振动量,所以设计合理。

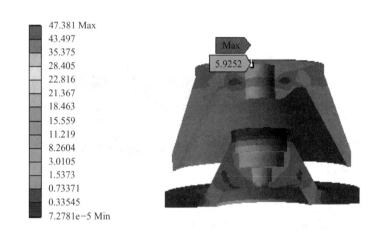

图 5.8.6 载荷为 22344N 时顶盖与底座部分的等效应力云图

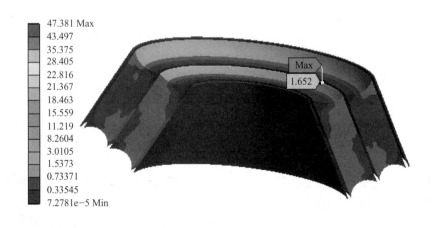

图 5.8.7 载荷为 22344N 时橡胶部分的等效应力云图

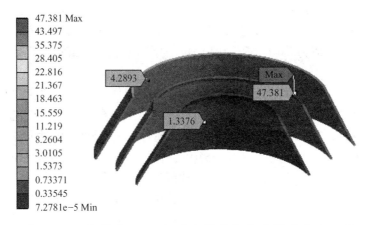

图 5.8.8 载荷为 22344N 时金属件部分的等效应力云图

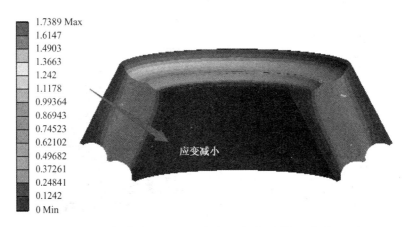

图 5.8.9 载荷为 22344N 时橡胶部分的等效应变云图

5.9 本 章 小 结

本章针对 5DK-20 型柴油发电机组,基于某橡胶隔振器,详细设计了惯容-橡胶复合隔振器,利用《机械设计手册》[1]为滚珠丝杠式惯容器进行选型,并且计算了各项几何参数,在此基础上,对滚珠丝杠式惯容器的承载能力参数做了计算。此外,还设计了其他部件的尺寸和相关力学参数,最后利用 ANSYS Workbench 分析其力学性能。揭示了惯容-橡胶复合隔振器的具体设计流程和方法,为进一步设计惯容-橡胶复合隔振器提供指导,也可以作为一般工程人员的参考,具有实际的工程指导意义。本章一些研究结果总结如下:

(1)惯容-橡胶复合隔振器在模拟实际约束载荷下,得到的基频与自然频率较为接近,高阶频率会两两相近的成对出现。

(2)惯容器中所受最大应力均发生在滚珠与滚道的接触面上,分析其原因是接触面积较小导致的,但是最大应力依然满足强度条件。

(3)惯容-橡胶复合隔振器中滚珠丝杠副的滚珠在 2~2.5 圈之间较为合适。

参考文献

[1] 闻邦椿．机械设计手册第二卷：第5版[M]．北京：机械工业出版社，2010.

[2] 刘兴洪，许晓红，张旭东．GCr15轴承钢的冶炼过程质量控制[J]．江苏冶金．2008，36(4)：11-14.

[3] 祝驰誉．夹层板结构的声振特性及其应用研究[D]．镇江：江苏科技大学,2015.

[4] 温华兵．船舶振动噪声预报与结构声学设计[M]．北京：国防工业出版社，2015.

第6章 惯容-橡胶复合隔振器摩擦惯质系数研究及其结构优化设计

惯质系数是惯容器的固有属性。惯容器已经在摩托车、汽车、火车以及建筑等减振中取得了良好效果。然而,随着惯容器在工程减振系统中的应用日益广泛,人们对惯容器的摩擦等因素越来越重视,研究表明[1-4],惯容器的摩擦等因素对惯容器的动力学性能和 ISD 悬架的减振性能都有较大的影响。随着惯容器的应用日益广泛,作为惯容器的固有属性,惯质系数计算的准确性显得更加重要,尤其是在低频、精密的隔振场所。因此,在工程应用中需要进一步研究考虑摩擦等因素的惯质系数的计算方法。

为了更好地求解滚珠丝杠式惯容器考虑摩擦因素的惯质系数,对滚珠丝杠式惯容器模型做如下假设:

(1) 滚道中的每个工作滚珠的受力一样;
(2) 滚珠与两边滚道的两个接触角近似相等;
(3) 滚珠丝杠副模型符合赫兹接触模型;
(4) 计算过程中滚珠与滚道摩擦力矩产生的截断误差忽略不计。

本章首先从理论角度推导了考虑摩擦因素的滚珠丝杠式惯容器惯质系数(简称摩擦惯质系数),建立了惯质系数与滚珠丝杠副中导程、公称半径、滚珠半径、滚珠数量以及滚珠-滚道接触角之间的数学关系。基于此数学关系,利用遗传算法对本书所设计的惯容-橡胶复合隔振器进行优化,尤其是对惯容器部分进行优化。建立了惯容-橡胶复合隔振器的优化数学建模,利用 Matlab 对建立的数学模型进行编程,最终得到更加适合工程应用的最有结果。

6.1 滚珠-滚道接触点的滑动差动速度

6.1.1 滚珠与滚道之间坐标系的建立

为了对惯容器中滚珠丝杠副进行动力学分析,建立了如图 6.1.1 所示的世界坐标系 $(O-XYZ)$,其中 Z 轴与丝杠的中心轴重合。此外,基于滚珠中心的运动轨迹,建立了弗莱纳标架 $(O'-tnb)$,以研究滚珠与滚道接触区域的滑动现象。

设世界坐标系的基向量为

$$W = \begin{pmatrix} i \\ j \\ k \end{pmatrix} \tag{6.1.1}$$

弗莱纳标架的基向量为

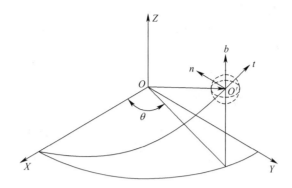

图 6.1.1　惯容器中坐标系的建立

$$F = \begin{pmatrix} t \\ n \\ b \end{pmatrix} \tag{6.1.2}$$

式中[5,6]

$$t = \frac{\mathrm{d}R}{\mathrm{d}\theta} \Big/ \left| \frac{\mathrm{d}R}{\mathrm{d}\theta} \right| \tag{6.1.3}$$

$$b = \left(\frac{\mathrm{d}R}{\mathrm{d}\theta} \times \frac{\mathrm{d}^2 R}{\mathrm{d}\theta^2} \right) \Big/ \left| \frac{\mathrm{d}R}{\mathrm{d}\theta} \times \frac{\mathrm{d}^2 R}{\mathrm{d}\theta^2} \right| \tag{6.1.4}$$

$$n = b \times t \tag{6.1.5}$$

滚珠中心的螺旋轨迹方程在世界坐标系中可表示为

$$R = \{ r_0 \cdot \cos\theta, \ r_0 \cdot \sin\theta, \ r_0 \cdot \theta \cdot \tan\alpha \} \, W \tag{6.1.6}$$

式中：r_0 为滚珠丝杠副的公称半径；θ 为滚珠中心轨迹相对于世界坐标系转过的角度；α 为滚珠丝杠副的螺旋升角。

为了得到世界坐标系与弗莱纳标架之间的关系，对式(6.1.6)进行求导，可得

$$\frac{\mathrm{d}R}{\mathrm{d}\theta} = \{ -r_0 \cdot \sin\theta, r_0 \cdot \cos\theta, r_0 \cdot \tan\alpha \} \, W \tag{6.1.7}$$

$$\frac{\mathrm{d}^2 R}{\mathrm{d}\theta^2} = \{ -r_0 \cdot \cos\theta, \ -r_0 \cdot \sin\theta, 0 \} \, W \tag{6.1.8}$$

将式(6.1.6)~式(6.1.8)代入式(6.1.3) ~式(6.1.5)，可得

$$F = \begin{bmatrix} -\sin\theta \cdot \cos\alpha & \cos\theta \cdot \cos\alpha & \sin\alpha \\ \cos\theta & \sin\theta & 0 \\ \sin\theta \cdot \sin\alpha & -\cos\theta \cdot \sin\alpha & \cos\alpha \end{bmatrix} W \tag{6.1.9}$$

令

$$T_{\mathrm{m}}^{-1} = \begin{bmatrix} -\sin\theta \cdot \cos\alpha & \cos\theta \cdot \cos\alpha & \sin\alpha \\ -\cos\theta & -\sin\theta & 0 \\ \sin\theta \cdot \sin\alpha & -\cos\theta \cdot \sin\alpha & \cos\alpha \end{bmatrix} \tag{6.1.10}$$

由式(7.1.9)和式(7.1.10)可得

$$W = T_{\mathrm{m}} \cdot F \tag{6.1.11}$$

对式(7.1.10)求逆,可得

$$\boldsymbol{T}_{\mathrm{m}} = \begin{bmatrix} -\sin\theta \cdot \cos\alpha & \cos\theta & \sin\alpha \cdot \sin\theta \\ \cos\alpha \cdot \cos\theta & \sin\theta & -\sin\alpha \cdot \cos\theta \\ \sin\alpha & 0 & \cos\alpha \end{bmatrix} \qquad (6.1.12)$$

6.1.2　滚珠上接触点的运动

如图 6.1.2 所示,在弗莱纳标架中,滚珠与螺母的接触点为 A,滚珠与丝杠的接触点为 B,定义滚珠与螺母的接触角为 β_{A},滚珠与丝杠的接触角为 β_{B}。

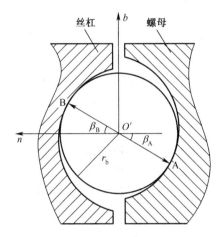

图 6.1.2　滚珠与滚道接触示意图

将式(6.1.7)转化到弗莱纳标架中,可得

$$\frac{\mathrm{d}\boldsymbol{R}}{\mathrm{d}t} = \left\{ \frac{r_0}{\cos\alpha} \cdot \frac{\mathrm{d}\theta}{\mathrm{d}t}, 0, 0 \right\} \boldsymbol{F} \qquad (6.1.13)$$

设滚珠在弗莱纳标架中的瞬时自转角速度 $\boldsymbol{\omega}_{\mathrm{ball}} = \{ \omega_t, \omega_n, \omega_b \} \boldsymbol{F}$,则滚珠在接触点 A、B 的瞬时速度分别为

$$\boldsymbol{V}_{\mathrm{A,ball}} = \frac{\mathrm{d}\boldsymbol{R}}{\mathrm{d}t} + \boldsymbol{\omega}_{\mathrm{ball}} \times \overrightarrow{O'A} = \begin{bmatrix} \dfrac{r_0}{\cos\alpha} \cdot \dfrac{\mathrm{d}\theta}{\mathrm{d}t} + r_{\mathrm{b}}(\omega_b \cdot \cos\beta_{\mathrm{A}} - \omega_n \cdot \sin\beta_{\mathrm{A}}) \\ r_{\mathrm{b}} \cdot \omega_t \cdot \sin\beta_{\mathrm{A}} \\ -r_{\mathrm{b}} \cdot \omega_t \cdot \cos\beta_{\mathrm{A}} \end{bmatrix}^{\mathrm{T}} \boldsymbol{F}$$

$$(6.1.14)$$

$$\boldsymbol{V}_{\mathrm{B,ball}} = \frac{\mathrm{d}\boldsymbol{R}}{\mathrm{d}t} + \boldsymbol{\omega}_{\mathrm{ball}} \times \overrightarrow{O'B} = \begin{bmatrix} \dfrac{r_0}{\cos\alpha} \cdot \dfrac{\mathrm{d}\theta}{\mathrm{d}t} + r_{\mathrm{b}}(\omega_n \cdot \sin\beta_{\mathrm{B}} - \omega_b \cdot \cos\beta_{\mathrm{B}}) \\ -r_{\mathrm{b}} \cdot \omega_t \cdot \sin\beta_{\mathrm{B}} \\ r_{\mathrm{b}} \cdot \omega_t \cdot \cos\beta_{\mathrm{B}} \end{bmatrix}^{\mathrm{T}} \boldsymbol{F}$$

$$(6.1.15)$$

式中:$\overrightarrow{O'A} = \{0, -r_{\mathrm{b}} \cdot \cos\beta_{\mathrm{A}}, -r_{\mathrm{b}} \cdot \sin\beta_{\mathrm{A}}\} \boldsymbol{F}$;$\overrightarrow{O'B} = \{0, r_{\mathrm{b}} \cdot \cos\beta_{\mathrm{B}}, r_{\mathrm{b}} \cdot \sin\beta_{\mathrm{B}}\} \boldsymbol{F}$;$r_{\mathrm{b}}$ 为滚珠半径。

6.1.3　螺母侧接触点的运动

根据滚珠丝杠副传动原理,当丝杠位移为 L 时,螺母转动角位移为 $2\pi L/p$（其中 p 为丝杠的导程）,所以,当丝杠速度为 $\mathrm{d}L/\mathrm{d}t$ 时,螺母角速度为

$$\boldsymbol{\omega}_{\mathrm{nut}} = \left\{0,0,\frac{\mathrm{d}\theta}{\mathrm{d}t}\right\}\boldsymbol{W} = \left\{0,0,\frac{2\pi}{p}\cdot\frac{\mathrm{d}L}{\mathrm{d}t}\right\}\boldsymbol{W}$$

将其转化到弗莱纳标架中,可得

$$\boldsymbol{\omega}_{\mathrm{nut}} = \frac{\mathrm{d}\theta}{\mathrm{d}t}\{\sin\alpha,0,\cos\alpha\}\boldsymbol{F}$$

所以螺母上接触点 A 的速度在弗莱纳标架中,可得:

$$\boldsymbol{V}_{A,\mathrm{nut}} = \boldsymbol{\omega}_{\mathrm{nut}} \times \overrightarrow{O'A} = \begin{bmatrix} r_b \cdot \dfrac{\mathrm{d}\theta}{\mathrm{d}t} \cdot \cos\alpha \cdot \cos\beta_A \\[2mm] r_b \cdot \dfrac{\mathrm{d}\theta}{\mathrm{d}t} \cdot \sin\alpha \cdot \sin\beta_A \\[2mm] -r_b \cdot \dfrac{\mathrm{d}\theta}{\mathrm{d}t} \cdot \sin\alpha \cdot \cos\beta_A \end{bmatrix}^{\mathrm{T}} \boldsymbol{F} \tag{6.1.16}$$

6.1.4　丝杠侧接触点的运动

在世界坐标系中,接触点 B 的速度为

$$\boldsymbol{V}_{B,\mathrm{screw}} = \left\{0,0,\frac{\mathrm{d}L}{\mathrm{d}t}\right\}\boldsymbol{W} \tag{6.1.17}$$

将式(6.1.17)转化到弗莱纳标架中,可得

$$\boldsymbol{V}_{B,\mathrm{screw}} = \left\{\sin\alpha \cdot \frac{\mathrm{d}L}{\mathrm{d}t},0,\cos\alpha \cdot \frac{\mathrm{d}L}{\mathrm{d}t}\right\}\boldsymbol{F} \tag{6.1.18}$$

6.1.5　接触点的相对滑动速度

根据接触点 A 在滚珠上的速度 $\boldsymbol{V}_{A,\mathrm{ball}}$ 和螺母侧的速度 $\boldsymbol{V}_{A,\mathrm{nut}}$,可得到接触点 A 的相对滑动速度为

$$\boldsymbol{V}_A = \boldsymbol{V}_{A,\mathrm{ball}} - \boldsymbol{V}_{A,\mathrm{nut}} = \begin{bmatrix} \dfrac{r_0}{\cos\alpha} \cdot \dfrac{\mathrm{d}\theta}{\mathrm{d}t} + r_b(\omega_b \cdot \cos\beta_A - \omega_n \cdot \sin\beta_A) - r_b \cdot \dfrac{\mathrm{d}\theta}{\mathrm{d}t} \cdot \cos\alpha \cdot \cos\beta_A \\[2mm] r_b \cdot \omega_t \cdot \sin\beta_A - r_b \cdot \dfrac{\mathrm{d}\theta}{\mathrm{d}t} \cdot \sin\alpha \cdot \sin\beta_A \\[2mm] -\left(r_b \cdot \omega_t \cdot \cos\beta_A - r_b \cdot \dfrac{\mathrm{d}\theta}{\mathrm{d}t} \cdot \sin\alpha \cdot \cos\beta_A\right) \end{bmatrix}^{\mathrm{T}} \boldsymbol{F}$$

$$\tag{6.1.19}$$

根据接触点 B 在滚珠上的速度 $\boldsymbol{V}_{B,\mathrm{ball}}$ 和丝杠侧的速度 $\boldsymbol{V}_{B,\mathrm{screw}}$,可得到接触点 B 的相对滑动速度为

$$\boldsymbol{V}_B = \boldsymbol{V}_{B,\mathrm{ball}} - \boldsymbol{V}_{B,\mathrm{screw}} = \begin{bmatrix} \dfrac{r_0}{\cos\alpha} \cdot \dfrac{\mathrm{d}\theta}{\mathrm{d}t} + r_b(\omega_n \cdot \sin\beta_B - \omega_b \cdot \cos\beta_B) - \sin\alpha \cdot \dfrac{\mathrm{d}L}{\mathrm{d}t} \\[2mm] -r_b \cdot \omega_t \cdot \sin\beta_B \\[2mm] r_b \cdot \omega_t \cdot \cos\beta_B - \cos\alpha \cdot \dfrac{\mathrm{d}L}{\mathrm{d}t} \end{bmatrix}^{\mathrm{T}} \boldsymbol{F}$$

$$\tag{6.1.20}$$

如图 6.1.3 所示,由于惯容器一般应用于中、低频的工程减振系统,并且接触点 A 和 B 的公法线都处于法平面 $b-n$ 内,所以可以近似认为 $\beta_A = \beta_B = \beta$,则根据平面向量几何的知识可知 $\overrightarrow{O'A} \parallel \overrightarrow{O'B}$,即两个接触点的公法线重合,假设滚珠围绕公法线旋转的角速度为 $\omega_{o'}$,则可得

$$\begin{cases} \omega_n = \omega_{o'} \cdot \cos\beta \\ \omega_b = \omega_{o'} \cdot \sin\beta \\ \omega_t = 0 \end{cases} \quad (6.1.21)$$

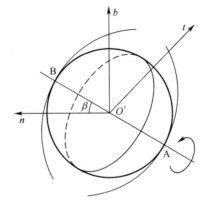

图 6.1.3　滚珠运动示意图

将式(6.1.21)代入 V_A 和 V_B 的表达式中,并且转化成绕公法线的角速度,可得

$$\boldsymbol{\omega}_A = \frac{2\pi}{p} \cdot \frac{dL}{dt} \begin{bmatrix} \dfrac{r_0}{r_b \cdot \cos\alpha} - \cos\alpha \cdot \cos\beta \\ -\sin\alpha \cdot \sin\beta \\ \sin\alpha \cdot \cos\beta \end{bmatrix}^{T} \boldsymbol{F} \quad (6.1.22)$$

$$\boldsymbol{\omega}_B = \frac{1}{r_b} \cdot \frac{dL}{dt} \begin{bmatrix} \dfrac{r_0}{\cos\alpha} \cdot \dfrac{2\pi}{p} - \sin\alpha \\ 0 \\ -\cos\alpha \end{bmatrix}^{T} F \quad (6.1.23)$$

6.2　惯容器滚珠与滚道之间的摩擦效率

6.2.1　滚珠与滚道接触面应力

如图 6.2.1 所示,根据赫兹接触理论,滚珠与螺母、丝杠的接触面均为椭圆面,设滚珠与螺母接触面的椭圆长半轴为 a_A,椭圆短半轴为 b_A,并且以椭圆中心为原点 O_A,建立笛卡儿坐标系($O_A - X_A Y_A Z_A$),其中, X_A 轴与椭圆长轴重合, Y_A 轴与椭圆短轴重合, Z_A 轴垂直于 $X_A - Y_A$ 平面。同理,设滚珠与丝杠接触面的椭圆长半轴为 a_B,椭圆短半轴为 b_B,并且以椭圆中心为原点 O_B,建立如图 6.2.2 所示的笛卡儿坐标系($O_B - X_B Y_B Z_B$),其中, X_B 轴与椭圆长轴重合, Y_B 轴与椭圆短轴重合, Z_B 轴垂直于 $X_B - Y_B$ 平面。限于篇

幅,滚珠与螺母椭圆接触面的长半轴 a_A 和短半轴 b_A、滚珠与丝杠椭圆接触面的长半轴 a_B 和短半轴 b_B 均可参照文献[7]所述方法计算得到。

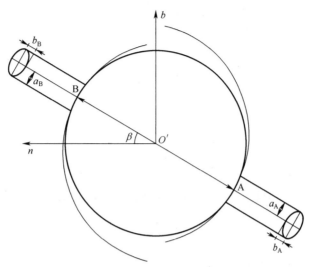

图 6.2.1 滚珠与滚道接触示意图

如图 6.2.2 所示,以滚珠与丝杠的接触面为例,在这个椭圆接触面内,各点上的接触应力大小是不同的。在 Z_B 轴上,由于变形最大,故其接触应力也是最大。其他点上的应力按照半椭球规律分布,其值为[7]

$$q = q_{max} \sqrt{1 - \frac{x^2}{a_B^2} - \frac{y^2}{b_B^2}} \tag{6.2.1}$$

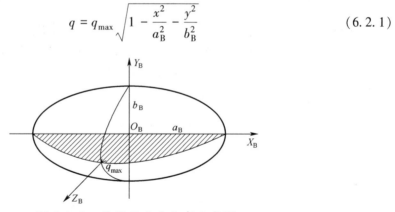

图 6.2.2 接触面应力分布示意图

式中:q 为椭圆接触面内任一点应力;q_{max} 为椭圆接触面内最大应力。

椭圆接触面上应力按照半椭球规律分布,所以作用于单个工作滚珠的正压力与各个点的应力又有以下积分关系[7]:

$$P_{in} = \int_S q \mathrm{d}S = \frac{2\pi \cdot a_B \cdot b_B \cdot q_{max}}{3} \tag{6.2.2}$$

由式(6.2.2)可知,为了求得椭圆接触面内任一点应力,需要求得椭圆接触面内最大应力 q_{max}。下面求解椭圆接触面内最大应力 q_{max}。

如图 6.2.3 所示,由于螺旋升角 α 的存在,轴向激励载荷 F_{in} 作用于单个工作滚珠的

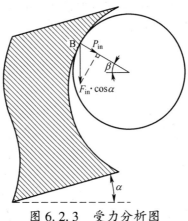

图 6.2.3　受力分析图

载荷为 $F_{in} \cdot \cos\alpha$ ，于是得到作用于单个工作滚珠的正压力为

$$P_{in} = \frac{F_{in} \cdot \cos\alpha \cdot \sin\beta}{Z} \qquad (6.2.3)$$

式中：Z 为滚珠丝杠副中的滚珠数量。

　　根据式(6.2.2)和式(6.2.3)可得到椭圆接触面内最大应力为

$$q_{max} = \frac{3 \cdot F_{in} \cdot \cos\alpha \cdot \sin\beta}{2\pi \cdot Z \cdot a_B \cdot b_B} \qquad (6.2.4)$$

6.2.2　滚珠与滚道接触面摩擦力矩

　　如图 6.2.4 所示，以丝杠与滚珠的接触为例，在坐标系中任取一点 $Q(x,y)$，取面积元 $dS = dxdy$ ，则该面积元所受的摩擦力 $dF_f = \mu_f \cdot q_Q dxdy$ （其中，μ_f 为接触面的摩擦系数，q_Q 为 Q 点的压应力），于是根据 Q 点到 B 点的距离，可以得到该面积元关于 Z_B 轴的力矩 $dM_B = \sqrt{x^2 + y^2}\,dF_f$ ，所以整个接触面关于 Z_B 轴的力矩为

$$M_B = \iint_S \sqrt{x^2 + y^2} \cdot \mu_f \cdot q_Q dxdy \qquad (6.2.5)$$

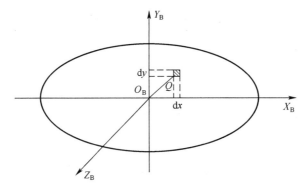

图 6.2.4　接触面微元图

　　将 M_B 转化到弗莱纳标架的三个坐标轴中，可得

$$\boldsymbol{M}_{BF} = \{0, M_B \cdot \cos\beta, M_B \cdot \sin\beta\}\,\boldsymbol{F} \qquad (6.2.6)$$

式中：M_{BF} 为弗莱纳标架中接触点 B 的摩擦力矩。

弗莱纳标架中接触点 A 的摩擦力矩 M_{AF}，可以根据推导 M_{BF} 的方法类似推导得到，这里不再赘述。

6.2.3 滚珠与滚道的滑动摩擦效率

上面已经推导得到弗莱纳标架中两个接触点的角速度和摩擦力矩，那么它们的摩擦功率分别为

$$P_{fA} = M_{AF} \cdot \omega_A \tag{6.2.7}$$

$$P_{fB} = M_{BF} \cdot \omega_B \tag{6.2.8}$$

单个滚珠的滑动摩擦功率为上述两者相加，即

$$P_f = P_{fA} + P_{fB} \tag{6.2.9}$$

由于功率是标量，大小不随坐标系的改变而改变，所以在弗莱纳标架中，激励功率为

$$P_{\text{total}} = F_{\text{in}} \cdot \frac{dL}{dt} \tag{6.2.10}$$

滑动摩擦效率为滑动摩擦消耗的能量占总激励的百分比，即

$$\eta_1 = \frac{P_f}{P_{\text{total}}} \times 100\% \tag{6.2.11}$$

6.2.4 滚珠与滚道的滚动摩擦效率

滚动摩擦效率为滚动摩擦消耗的能量占总激励的百分比。滚动摩擦效率为[8]

$$\eta_2 = \frac{\tan(\alpha - \arctan\mu_f')}{\tan\alpha} \times 100\% \tag{6.2.12}$$

式中：μ_f' 为滚动摩擦系数，一般取 0.0036~0.0038。

6.3 摩擦惯质系数导出及试验分析

6.3.1 摩擦惯质系数导出

若不考虑摩擦因素，滚珠丝杠式惯容器的理想线性惯质系数为[9]

$$b = \left(\frac{2\pi}{p}\right)^2 \cdot J \tag{6.3.1}$$

基于上述推导，将滚珠丝杠式惯容器的理想线性惯质系数修正为

$$b_{\text{Fr}} = \left(\frac{2\pi}{p}\right)^2 \cdot J \cdot (1 - \eta_1 - \eta_2) \tag{6.3.2}$$

6.3.2 考虑摩擦的惯质系数试验验证

为了验证所推导非线性惯质系数及其计算方法的正确性，对滚珠丝杠惯容器在 ES-10-240 型振动试验台上开展惯质系数测试，其中滚珠丝杠副的参数见表 6.3.1，ES-10-240 振动试验台如图 6.3.1 所示。试验时，在滚珠丝杠惯容器与振动试验台的连接处安

装一个力传感器,同时在振动台面安装若干振动加速度传感器,采用 DASP V10 型分析仪进行振动数据同步采集和信号频谱分析。对滚珠丝杠惯容器加载不同频率的方波激励,加载频率范围为 1~12Hz,每 1Hz 测试一次,试验点记录如表 6.3.2 所列。

表 6.3.1　滚珠丝杠副独立几何参数

参数名称	数值
公称半径 r_0 /mm	6
导程 p /mm	10
接触角 β /(°)	45
滚珠半径 r_b /mm	3
滚珠数量 Z /个	18

(a)　　　　　　　　　　　　(b)

图 6.3.1　试验装置

(a)试验现场;(b)惯容器装置。

表 6.3.2　试验点记录

频率/Hz	试验值/kg	频率/Hz	试验值/kg
1	37.6	7	41.2
2	38.1	8	39.7
3	39.6	9	40.9
4	39.4	10	39.9
5	40.3	11	39.8
6	40.8	12	40.1

利用 Mtalab 中的 cftool 工具箱对试验点进行拟合,并且将试验拟合曲线与考虑摩擦的惯质系数、理想线性惯质系数进行比较,得到如图 6.3.2 所示的曲线。

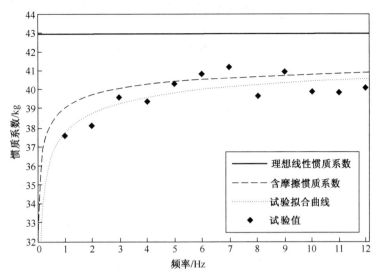

图 6.3.2　不同方法得到的惯质系数

试验结果表明,本书推导得到的非线性惯质系数结果略大于试验拟合结果。在频率小于 12Hz 时,理想线性惯质系数与试验惯质系数误差大于 10.0%。可见,在滚珠丝杠式惯容器适用的低频范围内,理想线性惯质系数不够精确,在一些要求较高的隔振系统中,使用理想线性惯质系数将引入较大误差。然而,在频率小于 12Hz 时,非线性惯质系数与试验惯质系数误差小于 5.0%,尤其是频率大于 3Hz 时,非线性惯质系数与试验惯质系数误差小于 2.0%。显然,相比于滚珠丝杠式惯容器的理想线性惯质系数,本书推导的非线性惯质系数在惯容器适用的低频范围内更加精确。

6.3.3　滚珠丝杠副几何参数评估

图 6.3.3 为不同导程对非线性惯质系数影响的比较,其他参数如表 6.3.1 所示。在相同频率下,导程越小,惯质系数越大,滚珠丝杠式惯容器惯质系数的非线性越强。此外,随着频率的增大,非线性惯质系数趋于稳定。

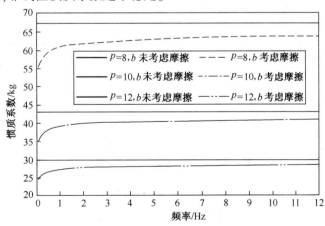

图 6.3.3　不同导程对惯质系数的影响

图6.3.4～图6.3.7分别为公称半径、滚珠半径、滚珠数量以及接触角对非线性惯质系数影响的比较,其他参数如表6.3.1所列。在相同频率下,丝杠的公称半径越大、滚珠半径越小、滚珠数量越多、接触角越大,非线性惯质系数越小,惯质系数的非线性越强。此外,在3Hz以内,频率对惯质系数的非线性影响较大,频率越小,惯质系数非线性越强,惯质系数越小;随着频率的增大,频率对惯质系数的非线性影响减弱,惯质系数趋于稳定。

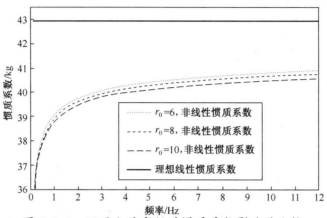

图 6.3.4　不同公称半径对惯质系数影响的比较

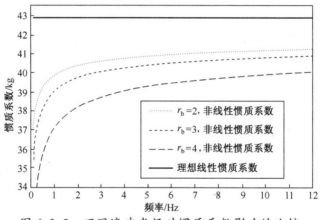

图 6.3.5　不同滚珠半径对惯质系数影响的比较

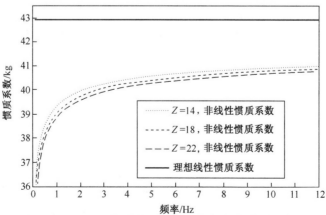

图 6.3.6　不同滚珠数量对惯质系数影响的比较

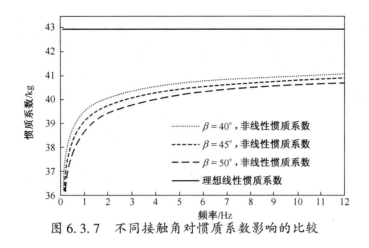

图 6.3.7　不同接触角对惯质系数影响的比较

6.4　惯容-橡胶复合隔振器的优化数学模型

上面几节推导了滚珠丝杠式惯容器的摩擦惯质系数,将惯容器的惯质系数与滚珠丝杠副的几何参数(导程、公称半径、滚珠半径、滚珠数量、接触角)建立了数学关系。本节将根据这种数学关系,建立惯容-橡胶复合隔振器的优化数学模型,根据函数最优化原理,惯容-橡胶复合隔振器的优化数学模型主要包括设计变量、约束条件、目标函数三个部分。

6.4.1　设计变量

凡参与优化设计的变量称为设计变量。设计变量的选择是否合理关系到程序运行效率,并影响优化进行和设计的成败[10]。设计变量个数越多,解空间越大,程序运行越复杂,越不容易收敛;但自由度也越大,得到的解也更加优越。所以需要合理选择设计变量及其个数。

本书设计的惯容-橡胶复合隔振器是以传统橡胶隔振器为基础,其中橡胶金属复合件部分的技术已经很成熟,本书设计的橡胶金属复合件正是借鉴了前人的研究成果,而惯容部分的设计尚且不是最优结果,所以下面主要针对惯容部分的特点选择设计变量。

惯质系数是惯容器的固有属性,惯质系数大小直接影响着惯容器隔振性能的好坏。根据前面所述的摩擦惯质系数的计算方法,确定设计变量为导程 p、公称半径 r_0、滚珠半径 r_b、滚珠数量 Z、接触角 β。将所有的设计变量用向量表示为:

$$\boldsymbol{X} = \{p, r_0, r_b, Z, \beta\} \tag{6.4.1}$$

6.4.2　约束条件

对于上面选取的 5 个设计变量,需要同时具备几何约束和力学约束才能使得优化结果较为合理。

1. 几何约束条件

对于设计变量 X,首先给出各个分量的大、小极限尺寸约束。导程 p 太小,滚珠与滚道之间的压力较大，导致摩擦力较大，不利于传动，导程 p 太大，飞轮转动角度较小，所以考虑 $5\text{mm} \leq p \leq 20\text{mm}$。公称半径 r_0 太小，贯穿螺栓强度不够，容易被横向折断，公称半径 r_0 太大，限于内部空间约束，会导致飞轮的侧壁太薄，强度不够，加工工艺达不到，所以考虑 $8\text{mm} \leq r_0 \leq 19\text{mm}$。滚珠半径 r_b 太小，滚珠强度不够，容易出现点蚀和剥损，滚珠半径 r_b 太大，滚珠质量变大，导致摩擦加剧，非线性增强，所以考虑 $1\text{mm} \leq r_b \leq 5\text{mm}$。滚珠数量 Z 太大，会出现几乎不承受应力的空余滚珠，并且会加剧摩擦，滚珠数量 Z 太小，滚珠与滚珠之间较难形成良好的循环，传动不稳定，所以考虑 $13 \leq Z \leq 52$。接触角 β 太小，会导致滑动摩擦过大，接触角 β 太大，会导致滚动摩擦太小，容易出现打滑现象，也会降低传动效率，所以考虑 $35° \leq \beta \leq 55°$。将上述分量的最小边界和最大边界表示成向量的形式为

$$\text{CONS}_{\min} = \left(5, 8, 1, 13, \frac{7\pi}{36}\right) \tag{6.4.2}$$

$$\text{CONS}_{\max} = \left(20, 19, 5, 52, \frac{11\pi}{36}\right) \tag{6.4.3}$$

设计变量仅仅依靠最大、最小尺寸约束是远远不够的，因为各个一些分量之间还有一定关系，还需要施加一些其他的约束。

图 6.4.1 为飞轮和贯穿螺栓以及底座之间的几何约束示意图，限于飞轮下端外侧的空间约束，飞轮侧壁最薄处不小于 3mm，滚珠丝杠副的螺母大径应该满足

$$\frac{D_2}{2} \leq 16 \tag{6.4.4}$$

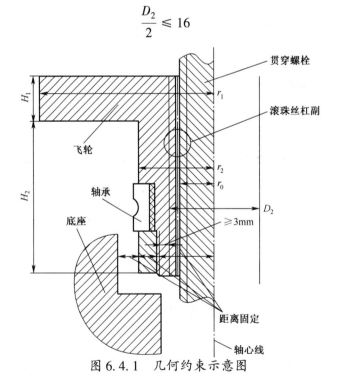

图 6.4.1　几何约束示意图

根据理想线性惯质系数计算公式，惯质系数在 $800 \sim 1200\text{kg}$ 之间，所以导程与飞轮转动惯量必须满足：

$$800 \leq \left(\frac{2\pi}{p}\right)^2 \cdot J \leq 1200 \tag{6.4.5}$$

可以求得

$$J = \frac{\pi \rho_{GCr15}}{2} [H_1 (r_1^4 - r_0^4) + H_2 (r_2^4 - r_0^4)] \qquad (6.4.6)$$

此外,由于隔振器内部空间的几何尺寸约束,必须满足

$$\begin{cases} r_1 = 60.5\text{mm} \\ r_2 = 26.5\text{mm} \\ H_1 = 15\text{mm} \\ H_2 = 52\text{mm} \end{cases} \qquad (6.4.7)$$

导程与滚珠直径之间需要满足

$$0.3p \leqslant d_b \leqslant 0.6p \qquad (6.4.8)$$

每圈滚珠数 Z_1 与公称直径 p 及滚珠直径 d_b 之间需要满足

$$Z_1 \leqslant \text{INT} \left[\frac{\pi p}{d_b} \right] \qquad (6.4.9)$$

根据前面的分析,滚珠圈数应该满足

$$2 \leqslant i \leqslant 2.5 \qquad (6.4.10)$$

滚珠数量应该满足

$$Z = Z_1 \cdot i \qquad (6.4.11)$$

2. 力学约束条件

为了不至于贯穿螺栓的丝杠部分太细而被横向振动折断,丝杠小径应该满足

$$\frac{F_{m,\text{max}}}{\frac{1}{4}\pi d_2^2} \leqslant [\tau] \qquad (6.4.12)$$

滚珠丝杠副需要满足静载荷条件:

$$\text{CONS}_{am} \geqslant f_F F_{m,\text{max}} \qquad (6.4.13)$$

根据上面所述求解滚珠与滚道之间接触应力的方法,滚珠上的接触应力需要满足

$$q_{\text{max}} \leqslant [\sigma] \qquad (6.4.14)$$

根据对贯穿螺栓中部丝杠部分危险截面强度、刚度和稳定性的校核方法[11],贯穿螺栓应该满足

$$\sigma_{ca} \leqslant [\sigma] \qquad (6.4.15)$$

$$\frac{\delta p}{p} \leqslant 110 \qquad (6.4.16)$$

$$n_s \geqslant 4 \qquad (6.4.17)$$

6.4.3 目标函数

本书将从惯容−橡胶复合隔振器的隔振效果和使用寿命两个方面去建立目标函数。隔振效果的好坏可以用总体传递率 T_{II}、开始起到隔振效果处的有效频率比 $z_e = \sqrt{2/(1+2\eta)}$、稳定传递率 $T_s = \eta/(1+\eta)$ 来综合衡量。总体传递率 T_{II} 越小,有效频率比 z_e 越小,稳定传递率 T_s 越小,隔振效果越好。

滚珠丝杠式惯容器的使用寿命和滚珠丝杠副的几何参数有关,因此可以将使用寿命表示为 $L'_h = f(p, r_0, r_b, Z, \beta)$,使用寿命越大越好。

由于目标函数较多,在相同设计变量下都达到最优显然比较困难,因此,为了兼顾各个目标函数,利用统一目标函数法,对现有的几个目标函数进行加权求和,设对总体传递率 T_{II}、有效频率比 z_e、稳定传递率 T_s、使用寿命 L'_h 分别加 Δ_1、Δ_2、Δ_3、Δ_4 的权重,Δ_1、Δ_2、Δ_3、Δ_4 均在 0~1 之间,并且 $\Delta_1 + \Delta_2 + \Delta_3 + \Delta_4 = 1$。

由于总体传递率 T_{II}、有效频率比 z_e、稳定传递率 T_s 均是求最小值,而使用寿命 L 求最大值,所以为了统一目标函数求解趋势,最终将总目标函数写为:

$$\min fun = \Delta_1 \frac{T_{\mathrm{II}}}{T_{\mathrm{II},n}} + \Delta_2 \frac{z_e}{z_{e,n}} + \Delta_3 \frac{T_s}{T_{s,n}} + \Delta_4 \frac{L'_{h,n}}{L'_h} \qquad (6.4.18)$$

式中:$T_{\mathrm{II},n}$、$z_{e,n}$、$T_{s,n}$、$L'_{h,n}$ 分别为本书初步设计的惯容-橡胶复合隔振器总体传递率、有效频率比、稳定传递率、使用寿命。

初步设计的总体传递率 $T_{\mathrm{II},n}$、有效频率比 $z_{e,n}$、稳定传递率 $T_{s,n}$ 如图 6.4.2 所示。图中,$z_{e,n} = 1$,$T_{s,n} = 1/3$;优化前的使用寿命 $L'_{h,n} = 15.42$ 年。

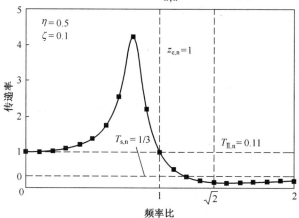

图 6.4.2　优化前惯容-橡胶复合隔振器的隔振效果

6.5　综合优化分析

6.5.1　隔振效果之间的权重分析

为了得到衡量隔振效果的三个目标子函数之间较佳权重分配,有如表 6.5.1 所列的三种方案。

表 6.5.1　三种不同优化方案

	Δ_1	Δ_2	Δ_3	Δ_4
方案一	0.1	0.2	0.3	0.4
方案二	0.2	0.2	0.2	0.4
方案三	0.3	0.2	0.1	0.4

经过优化计算,得到如表 6.5.2 所列的各个方案优化后的设计变量和目标函数。根

据表 6.5.2 中方案一、方案二、方案三优化后的设计变量值对比发现,方案一的总目标函数值最小。所以,总体传递率 T_{II}、有效频率比 z_e、稳定传递率 T_s 三者按照递增的比例分配权重较为合适。

表 6.5.2 优化前后的结果对比

设计变量	优化前	方案一	方案二	方案三
导程 p/mm	10	12.26	9.75	11.55
公称半径 r_0/mm	12.5	11.67	13.035	12.16
滚珠半径 r_b/mm	3	3.50	2.93	3.51
滚珠数量 Z/个	52	28	35	28
接触角 β/(°)	45	41	53	48
总目标函数值	1	0.30	0.40	0.37

6.5.2 两类目标函数之间的权重分析

下面考虑隔振效果和使用寿命之间的权重,基于上述总体传递率 T_{II}、有效频率比 z_e、稳定传递率 T_s 三者按照递增的比例分配权重的原则,两类目标函数之间的权重分配具体如表 6.5.3 所列。

表 6.5.3 四种不同优化方案

	Δ_1	Δ_2	Δ_3	Δ_4
方案四	1/12	1/6	1/4	0.5
方案五	1/15	2/15	1/5	0.6
方案六	0.05	0.1	0.15	0.7
方案七	7/60	7/30	7/20	0.3

经过优化计算,得到如表 6.5.4 所列的优化结果。对比总目标函数值的大小发现,方案六的目标函数值最小,所以方案六最优。经方案六优化后,计算得到 $\eta = 0.59$,修正橡胶件的动刚度 $k_d = m(2\pi f_n)^2 = b(2\pi f)^2 \approx 10.48(\text{kN/mm})$、阻尼比 $\xi = 0.15$。

表 6.5.4 优化前后的结果对比

设计变量	优化前	方案四	方案五	方案六	方案七
导程 p/mm	10	11.67	10.35	9.63	11.66
公称半径 r_0/mm	12.5	12.65	13.20	12.85	12.26
滚珠半径 r_b/mm	3	3.31	2.77	3.11	3.50
滚珠数量 Z/个	52	30	38	33	28
接触角 β/(°)	45	48	45	55	48
总目标函数值	1	0.17	0.19	0.09	0.49

图 6.5.1 为优化前后结果的对比,不同频率下的总体传递率 T_{II} 比初始方案减小,尤其是共振峰降低了约 35%,但是在 15Hz,即频率比 $z = \sqrt{2}$ 时,总体传递率 T_{II} 的值从 0.29 变为 0.33,变化较小;有效频率比 z_e 较初始方案降低了约 5%;稳定传递率 T_s 从 0.33 变为 0.37,增幅较小。此外,优化后的使用寿命 $L_h^f = 17.25$ 年,比初始方案提高了约 10%。显然,经过方案六优化,虽然有少量子目标函数劣化,但是总体较初始设计更优。

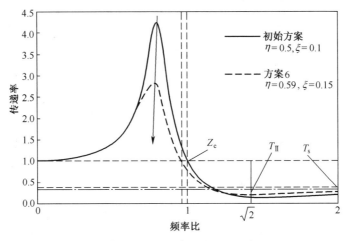

图 6.5.1 优化前后结果的对比

基于方案六重新建立惯容-橡胶复合隔振器的模型并进行强度分析,得到如图 6.5.2 所示的优化后贯穿螺栓与滚珠的等效应力云图。显然,当滚珠个数只有 33 个时,即只有 2~3 圈滚珠时,滚珠受力较为均匀,最大应力约为 74MPa,仍在材料的许用应力内,所以方案六优化有效。基于方案六,可以将滚珠丝杠副的优化尺寸参考国标或者国际标准,进行标准化,以便加工制造。

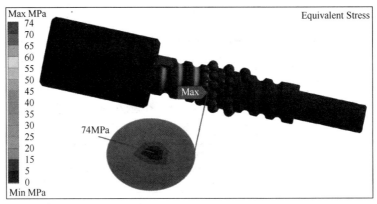

图 6.5.2 优化后贯穿螺栓与滚珠的等效应力云图

6.6 本 章 小 结

本章借助弗莱纳标架理论与赫兹接触理论,在对滚珠丝杠式惯容器模型适当简化的基础上,推导了摩擦惯质系数计算方法,建立了惯质系数与惯容器几何参数之间的联系。

基于此,建立了惯容-橡胶复合隔振器的优化数学模型,利用遗传算法对优化数学模型进行了优化,最终得到了最优解。研究结论总结如下:

(1) 在低频时,尤其频率低于3Hz时,滚珠丝杠式惯容器的理想线性惯质系数与实际的惯质系数之间误差大于10%。在一些要求较高的隔振系统中,使用理想线性惯质系数将引入较大误差。

(2) 本书推导的滚珠丝杠式惯容器摩擦惯质系数在低频时与实际的惯质系数之间的误差小于5%,尤其当频率大于3Hz时,两者的误差小于2%。所以本书推导的滚珠丝杠式惯容器惯质系数较为精确。

(3) 滚珠丝杠式惯容器的导程越小,惯质系数越大,与理性线性惯质系数之间的差距越大。此外,在相同频率下,丝杠的公称半径越大、滚珠半径越小、滚珠数量越多、接触角越大,本书推导的摩擦惯质系数越小,与理性线性惯质系数之间的差距越大。

(4) 在3Hz以内,频率对摩擦惯质系数的影响较大,频率越小,摩擦惯质系数越小;随着频率的增大,频率对摩擦惯质系数的影响减弱,摩擦惯质系数趋于稳定。

(5) 对于惯容-橡胶复合隔振器的优化设计,可以借助遗传算法,优化时可以先将目标函数分类,考察每类目标函数的几个子目标函数之间的权重分配,再考察各类目标函数之间的权重分配,最终得到较优的惯容-橡胶复合隔振器结构。

(6) 当导程在9.63mm左右,公称半径在12.85mm左右,滚珠半径在3.11mm左右,滚珠数量在33个左右以及接触角为55°时,惯容-橡胶复合隔振器的综合性能最优。

参考文献

[1] Wang F C,Su W J. Impact of inerter nonlinearities on vehicle suspension control[J]. International Journal of Vehicle Mechanics and Mobility,2008,46:575-595.

[2] Papageorgiou C,Houghton N E,Smith M C. Experimental testing and analysis of inerter devices[J]. Journal of Dynamic Systems,Measurement and Control,2009,131(1):1-11.

[3] Sun X Q,Chen L,Wang S H,et al. Performanceinvestigation of vehicle suspension system with nonlinear ball-screw inerter [J]. International Journal of Automotive Technology. 2016,17(3):399-408.

[4] Shen Yujie,Chen Long,Liu Yanling,et al. Modeling and Optimization of Vehicle Suspension Employing a Nonlinear Fluid Inerter[J]. Shock and Vibration,2016.

[5] Samad M D,Iftekharuddin K M. Frenet Frame-Based Generalized Space Curve Representation for Pose-Invariant Classification and Recognition of 3-D Face[J]. Human- Machine Systems,2016:1-12.

[6] 姜洪奎. 大导程滚珠丝杠副动力学性能及加工方法研究[D]. 山东:山东大学,2007.

[7] 冯虎田. 滚珠丝杠副动力学与设计基础[M]. 北京:机械工业出版社,2014.

[8] Lin M C,Velinsky S A,Ravani B. Design of the Ball Screw Mechanism for Optimal Efficiency[J]. Journal of Mechanical Design. 1994,116(3):856-861.

[9] Smith M C. Synthesis of mechanical networks:The inerter[J]. Automatic Control,IEEE Transactions on,2002,47(10):1648-1662.

[10] 迟永滨,孙大刚. 圆柱齿轮传动优化设计变量的选择[J]. 现代机械. 2001(3):54-55.

[11] 闻邦椿. 机械设计手册第二卷:第5版[M]. 北京:机械工业出版社,2010.

第7章 惯容-橡胶复合隔振器静、动态性能试验分析

由于本书设计的惯容-橡胶复合隔振器应用针对的是船海领域中的大功率动力设备,所以隔振器的应用环境较为恶劣,存在着较多的不可控因素,基于理论研究或者数值计算的隔振器研究结果往往难以令人信服,需要由试验加以支持。

第5章和第6章分别开展了惯容-橡胶复合隔振器的设计、校核与优化工作,本章将开展惯容-橡胶复合隔振器的静、动态性能试验研究。加工制作了惯容-橡胶复合隔振器,设计了惯容-橡胶复合隔振器的静态和动态试验方案,分析了惯容-橡胶复合隔振器的静刚度、动刚度以及惯容器惯质系数对复合隔振器隔振效果的影响等。最后,基于试验结果定义了复质量的概念,重新建立惯容-橡胶复合隔振器的动力学微分方程,推导了振动传递率。

7.1 试验样机及测试设备介绍

7.1.1 惯容-橡胶复合隔振器的零部件

图 7.1.1 为滚珠丝杠式惯容器(贯穿螺栓和飞轮)与其他部件,这些部件包括轴承、轴承外圈上限位环、轴承内圈下限位环以及螺栓底盘。在本次试验中,加工了导程 $p=5\text{mm}$ 和 $p=10\text{mm}$ 两种滚珠丝杠式惯容器,由于惯容器加工的封装性,且两种规格的惯容器外形一样,所以本处只笼统列出图 7.1.1 所示的惯容器($p=10\text{mm}$)。图 7.1.2 ~ 图 7.1.5 分别为橡胶金属复合件、隔振器底座、隔振器顶盖以及整体隔振器样机。出于安装工艺的考虑,图 7.1.3 所示的隔振器底座的底板并没有加工成圆形,而是加工成四端带孔的方形。

图 7.1.1 惯容器与其他部件

图 7.1.2　橡胶金属复合件

图 7.1.3　底座

图 7.1.4　顶盖

图 7.1.5　隔振器整体样机

7.1.2　静动态试验测试仪器

如图 7.1.6 所示,静刚度试验设备是 ETM 系列 D 型门式微机控制电子万能试验机。该试验机具有宽广准确的加载速度和测力范围,对载荷、变形、位移的测量和控制有较高的精度和灵敏度,还可以进行等速加载、等速变形、等速位移的自动控制试验,并有低周载荷循环、变形循环、位移循环的功能。该系列机型主要适用于试验负荷低于 100kN 的压力试验,具有多种可选的机型结构,如下空间机型、上拉下压双空间机型、上压下拉双空间机型等,可增配环境箱、高温炉做环境试验。

动态试验设备(图 7.1.7)是来自美国 MTS 公司的 MTSLandmark 系列通用型立式电液伺服测试系统,它的最大载荷可达 500kN,能胜任各种高精确度和高重复性耐久、疲劳裂纹扩展、高低循环疲劳以及断裂韧性模式测试。材料试验范围广,包括铝、复合材料、钢、超级合金等,以及各式各样零件。它的主要特点是试验类型和材料覆盖面广、易操作、易维护、高精度、高重复性、高效率、静态和动态测试功能合一、应用软件齐全、高性能多功能控制器、最优化的尖端伺服液压技术、独创的自对中油缸设计、高强度耐久框架以及具有静音液压动力源。

图 7.1.6　压力试验机　　　　　　　　　　　图 7.1.7　MTS 试验机

7.2　惯容-橡胶复合隔振器静态试验

静态试验主要测试隔振器的静刚度,而惯容-橡胶复合隔振器在承受静载荷时只有橡胶金属复合件受力,而惯容部分由于不发生传动,所以基本不受力。因此,静态试验主要测试橡胶金属复合件的静刚度。

7.2.1　静态试验方案

根据 GB/T 15168—2013《振动与冲击隔离器静、动态性能测试方法》所述的振动与冲击隔离器性能测试方法,全部或部分采用橡胶材质的隔离器,应该在(25±5)℃环境中停放 4~6h 后,在此环境温度中进行性能测试。橡胶隔离器必须硫化 24h 以上方可进行性能测试。测试设备、仪器、仪表应该符合 GB/T 5170.2—1996《电工电子产品环境试验设备基本参数检定方法温度试验设备》要求。

图 7.2.1 为静态试验现场,根据上述要求,现场测试温度为 23.6℃(图 7.2.2)。确保

图 7.2.1　静态试验现场

仪器正常后,将隔振器固定在静态测试仪的台座上,手动调节静态测试仪的压力锤底部基本与隔振器顶部接触,然后在连接静态测试仪的计算机上操作,操作步骤如下:

(1)如图 7.2.3 所示,分别在不含惯容器、导程为 5mm、导程为 10mm 的三种复合隔振器承载方向上重复的进行两次加载、卸载试验,载荷从 0 到额定载荷的 1.25 倍,隔振器变形应该均匀,保证加载速度不大于 8mm/min。

(2)第三次从 0 加载到额定载荷的 1.25 倍,保持 30s,再逐步卸载到 0,并且做相应记录。

图 7.2.2　测温器

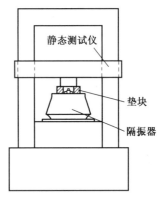

图 7.2.3　静态试验布置

7.2.2　静态试验结果分析

如图 7.2.4 所示,图中横坐标为压缩位移量(mm),纵坐标为载荷(kN)。三种隔振器在 0 加载到 25kN 的过程中的曲线均近似为直线,所以三种隔振器的刚度均近似呈线性特征;在卸载过程中随着载荷的减小,三种隔振器的变形量也近似呈线性减小,但当载荷变为 0 时,三种隔振器依然保留了一定压缩变形量。综合每种隔振器的加载—卸载曲线可知,卸载曲线斜率略大于加载曲线斜率,卸载时的平均刚度高于加载时的平均刚度。

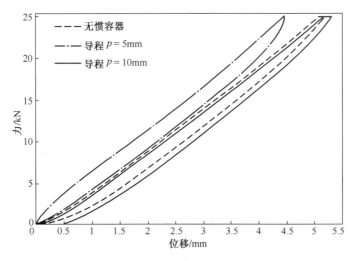

图 7.2.4　静刚度测试曲线

比较图 7.2.4 的三种曲线可知,无惯容器的纯橡胶隔振器加载—卸载曲线较为平滑,静态刚度介于两种导程的复合隔振器之间。含惯容器的两种复合隔振器的加载—卸载曲线有锯齿状况发生,分析其原因主要是惯容器的传动摩擦力和惯性力导致。当导程为 5mm 时,传动摩擦力占主导因素,所以测试得到的静态刚度大于无惯容器时的静态刚度;当导程为 10mm 时,惯性力占主导因素,所以测试得到的静态刚度小于无惯容器时的静态刚度。表 7.2.1 列出了静态测试数据。

表 7.2.1　静态测试数据

力/kN	无惯容器		含惯容器,$p=5$mm		含惯容器,$p=10$mm	
	位移/mm		位移/mm		位移/mm	
	加载	卸载	加载	卸载	加载	卸载
0	0	0.085	0	0.056	0	0.383
5	1.208	1.594	0.747	1.139	1.271	1.761
10	2.217	2.649	1.739	2.170	2.266	2.814
15	3.211	3.613	2.705	3.117	3.257	3.761
18	3.794	4.147	3.286	3.648	3.844	4.285
20	4.177	4.777	3.633	3.975	4.262	4.619
22	4.548	4.786	3.994	4.259	4.644	4.926
25	5.172	5.172	4.455	4.455	5.273	5.273

根据表 7.2.1,通过公式具体计算静刚度数值:
无惯容器时的加载静刚度为

$$K_{0,\text{load}} = \frac{1.1P_0 - 0.9P_0}{X_{1.1} - X_{0.9}} = \frac{1.1 \times 20 - 0.9 \times 20}{4.548 - 3.794} = 5.31(\text{kN/mm})$$

无惯容器时的卸载静刚度为

$$K_{0,\text{unload}} = \frac{1.1P_0 - 0.9P_0}{X_{1.1} - X_{0.9}} = \frac{1.1 \times 20 - 0.9 \times 20}{4.786 - 4.147} = 6.26(\text{kN/mm})$$

含惯容器($p=5$mm)的加载静刚度为

$$K_{5,\text{load}} = \frac{1.1P_0 - 0.9P_0}{X_{1.1} - X_{0.9}} = \frac{1.1 \times 20 - 0.9 \times 20}{3.994 - 3.286} = 5.65(\text{kN/mm})$$

含惯容器($p=5$mm)的卸载静刚度为

$$K_{5,\text{unload}} = \frac{1.1P_0 - 0.9P_0}{X_{1.1} - X_{0.9}} = \frac{1.1 \times 20 - 0.9 \times 20}{4.259 - 3.648} = 6.55(\text{kN/mm})$$

含惯容器($p=10$mm)的加载静刚度为

$$K_{10,\text{load}} = \frac{1.1P_0 - 0.9P_0}{X_{1.1} - X_{0.9}} = \frac{1.1 \times 20 - 0.9 \times 20}{4.644 - 3.844} = 5.00(\text{kN/mm})$$

含惯容器($p=10$mm)的卸载静刚度为

$$K_{10,\text{unload}} = \frac{1.1P_0 - 0.9P_0}{X_{1.1} - X_{0.9}} = \frac{1.1 \times 20 - 0.9 \times 20}{4.926 - 4.285} = 6.24(\text{kN/mm})$$

由于试验过程不是绝对静止的,而是准静态的过程,所以惯容器对隔振器静刚度的测试是有一定影响的。实际状况中,当复合隔振器承受额定静载荷相对于基础静止时,显然只有橡胶金属复合件受力,所以测试惯容-橡胶复合隔振器的静刚度时要注意尽量避免惯容器的影响。主要措施有:去除内部惯容器,单独测试橡胶金属复合件的静刚度;当内部有惯容器时,设置加载速度尽量小,以保证更加趋于静止状态。

7.3 惯容-橡胶复合隔振器动态试验

7.3.1 动态试验方案

除了静态试验中所述试验条件,动态试验之前还需确保振动试验机提供的正弦波形失真度、频率及位移等基本参数符合 GB/T 5170.13—2005《电工电子产品环境试验设备基本参数检定方法振动(正弦)试验用电动振动台》、GB/T 5170.14—2009《环境试验设备基本参数检验方法振动(正弦)试验用电动振动台》、GB/T 5170.15—2005《电工电子产品环境试验设备基本参数鉴定方法振动(正弦)试验用液压振动台》附录 B 的相关规定。测试仪器的频率范围、频率响应非线性及精度符合 GB/T 6952—2015《卫生陶瓷》的规定。测试前需对振动试验机进行详细的检查,保证非线性度不大于 3%。

安装隔振器时应该保证激振力方向与隔振器被测方向一致,并且在被测方向上产生单一平动位移,而不应该耦合其他方向的位移与转动。隔振器应该根据额定载荷或使用载荷在承载方向上施加预紧变形。被测系统各个部件之间应该紧固连接并采用防松措施。

图 7.3.1 为动态试验现场,确保仪器连接正常后,将隔振器固定在 MTS 的台座上,手动调节 MTS 的压力锤底部基本与隔振器顶部接触,然后在连接 MTS 的计算机上操作。动态试验步骤如下:

(1) 如图 7.3.2 所示,分别在无惯容器、导程为 5mm、导程为 10mm 的三种复合隔振器承载方向上加载额定载荷($P_0 = 20kN$)。

图 7.3.1　动态试验现场

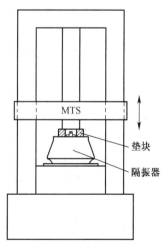

图 7.3.2　动态试验布置图

（2）控制上下振动位移为 ±1mm，分别从 1Hz 测试到 10Hz，并且通过计算机记录数据。

7.3.2 动态试验结果分析

隔振器的动态性能参数测试方法有椭圆法、激振扫描法、自振衰减法和机械阻抗法等。为了简便起见，本次动态试验利用椭圆法。椭圆法是利用振动试验机在低频激振时，通过测量隔离器传递力及变形时域波形求隔离器的动态参数。当采用输入力求隔离器的动刚度时，为忽略被试系统惯性力的影响，必须采用低频激振。

如图 7.3.3 所示，根据椭圆法，可以计算纯橡胶隔振器的动刚度为

$$K_{rd} = \frac{F_1 - F_{-1}}{X_1 - X_{-1}} = \frac{-12624.962 - (-26152.818)}{0.9561 - (-0.9776)} = 6995.84(N/mm)$$

显然，复合隔振器的动刚度大约是静刚度的 1.3 倍，以后在设计惯容–橡胶复合隔振器时，已知复合隔振器静刚度的情况下，可以初步估计其动刚度。

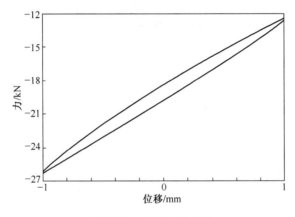

图 7.3.3　橡胶迟滞回线

橡胶金属复合件的阻尼损耗因子为

$$\eta_r = \frac{F_{0,up} - F_{0,down}}{F_1 - F_{-1}} = \frac{-18442.029 - (-19640.553)}{-12624.962 - (-26152.818)} \approx 0.089$$

橡胶金属复合件的等效黏性阻尼比为

$$\xi_r = \frac{\eta_r}{2} = \frac{0.0886}{2} \approx 0.044$$

由于隔振器内部存在惯容器，会产生比实际参振质量大的虚拟质量，所以惯容–橡胶复合隔振器的固有频率不是恒定值，而是在各个频率下随着虚拟质量的不同而不同，即随着惯容器惯质系数不同而不同。下面将试验测得的结果整理分析出各个频率下的惯质系数。经过试验结果的提取分析，得到如表 7.3.1 所列 1~10Hz 下的惯质系数。

如图 7.3.4 和图 7.3.5 所示，在 10Hz 之内，随着频率的增大，试验惯质系数整体趋势不断靠近理想惯质系数，其原因是滚珠丝杠副接触表面的摩擦不受频率变化的影响，而在低频时惯容器产生的惯性力较小，惯质系数受摩擦力的相对影响较大，随着振动频率的提

表 7.3.1　试验惯质系数

频率/Hz	b/kg		频率/Hz	b/kg	
	p=10mm	p=5mm		p=10mm	p=5mm
1	759.29	3616.66	6	1002.56	2982.98
2	894.05	3958.31	7	1062.97	4420.06
3	1028.36	2993.59	8	994.04	3417.59
4	945.28	4653.10	9	1035.57	4028.39
5	1005.40	4176.25	10	1000.72	3497.58

高,惯容器产生的惯性力增加,惯质系数受摩擦力的相对影响减小,从而更加接近于理论值。为了减小摩擦,通常可以在滚珠丝杠副里面添加润滑油以减少接触表面的粗糙度。

比较图 7.3.4 和图 7.3.5 发现,p=5mm 时测得的试验惯质系数相比 p=10mm 时测得的试验惯质系数波动较大。其原因是,p=5mm 时的惯容器中滚珠丝杠副的螺旋升角较小,导致滚珠与滚道之间的摩擦力、接触压力等变大,使得这些因素对惯质系数的影响被放大,所以 p=5mm 时的试验惯质系数波动较大。

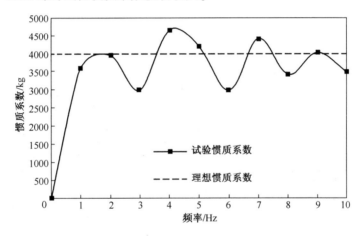

图 7.3.4　p=5mm 时试验惯质系数

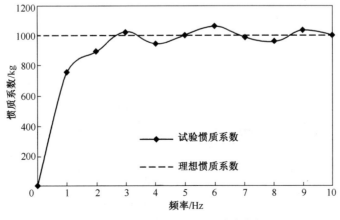

图 7.3.5　p=10mm 时试验惯质系数

111

根据频率与传递率关系曲线可知,当前隔振频率距离固有频率越远,隔振效果越好,定义虚拟固有频率 $f'_n = \sqrt{k/(m+b)}/2\pi$,所以得到移频比例 $\Delta = f'_n/f_n$,移频比例越大,固有频率越低,隔振效果越好。如图 7.3.6 所示,在 $1\sim10$Hz 的频段内,相比于 $p=10$mm 的惯容器, $p=5$mm 的惯容器惯质系数较大,移频比例较大,惯质系数波动较大。为了进一步揭示三种复合隔振器的隔振效果,下面对传递率做出比较分析。

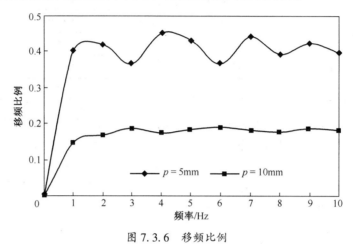

图 7.3.6　移频比例

图 7.3.7 为试验得到的三种隔振器的传递率,在 $0\sim10$Hz 的频段内,当 $p=5$mm 时的复合隔振器传递率最小,其次是 $p=10$mm 时的复合隔振器传递率,无惯容器的橡胶隔振器传递率最大。说明惯容器的导程越大,隔振器的传递率越小,隔振效果越好。此外,在 $0\sim5$Hz 频段内,三种隔振器的传递率较为接近,说明惯容器对隔振器的隔振效果影响较小;在 $5\sim10$Hz 频段内,三种隔振器的传递率差别较为明显,尤其在 $7\sim9$Hz 频段内,无惯容器的橡胶隔振器小于 $p=10$mm 时的复合隔振器的共振峰,而 $p=5$mm 时的复合隔振器几乎没有共振峰,说明惯容器导程越大,隔振器的抑制共振峰的效果越明显,隔振器隔振效果越好。然而, $p=5$mm 时复合隔振器的传递率始终在 1 左右,随着频率变大,隔振效果不佳。

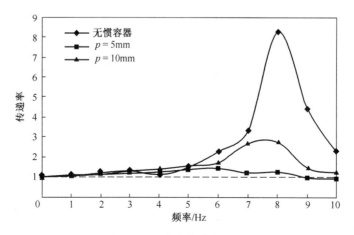

图 7.3.7　试验传递率比较

如图 7.3.8 所示,在 0~10Hz 的频段内,随着频率的增大,三种隔振器的加速度总体趋势都在增大,有惯容器的复合隔振器比无惯容器的橡胶隔振器的隔振加速度总体趋势更加平缓,导程越小,惯质系数越大,加速度总体趋势越平缓。在 0~3Hz 的频段内,三种隔振器的加速度趋势基本保持一致;在 3~6Hz 频段内,无惯容器的隔振器振动加速度开始大于含惯容器的复合隔振器;在 7Hz 左右时,三种隔振器都产生了一个共振峰值,其原因是橡胶金属复合件的垂向固有频率所导致的。在 8Hz 以后,惯质系数越大,振动加速度的增大趋势越平稳。

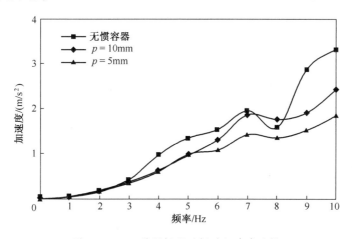

图 7.3.8　三种隔振器的振动加速度比较

综合分析比较三种隔振器,当 $p = 5$mm 时的复合隔振器隔振效果最好,但是由于惯容器工作过程中摩擦力、接触压力等较大,隔振器的使用寿命受到一定限制。所以,在今后设计惯容–橡胶复合隔振器时,需要根据使用对象和使用环境权衡寿命与隔振效果,得出寿命与隔振效果之间合适的权重关系,合理地确定惯质系数大小,从而正确选择惯容器的导程,以保证所设计的惯容–橡胶复合隔振器的经济价值达到最大。

7.4　惯容–橡胶复合隔振器传递率探索

7.4.1　惯容–橡胶复合隔振器传递率推导

对于含惯容器的隔振系统,关于惯容器的经典理论认为,含惯容器的隔振系统振动过程中,传递给惯容器的惯性力 F_i 与振动加速度 a 成正比,即 $F_i = ba$,其中 b 为惯质系数。然而,试验表明[1,2],惯质系数受惯容器中摩擦力的影响较大,并不是恒定值,而与振动速度有关,这与经典理论认为的惯质系数为恒定值存在矛盾。

基于试验事实,在建立含惯容器的隔振系统的动力学微分方程时有必要考虑振动速度对惯质系数的影响。因此,提出将惯质系数表示成复惯质系数 bj[3],从而将参振质量表示为复质量 $m^* = m + bj$,在此基础上,重新建立含惯容–橡胶复合隔振器的隔振系统动力学微分方程,推导传递率。

惯容–橡胶复合隔振器由于没有确定的阻尼器,橡胶件的刚度采用复刚度 $k^* = k + hj$(其中 k 为橡胶的单向位移刚度,即同相动刚度;h 为反映橡胶阻尼特性的正交动刚度,即结构阻尼系数)更为合理。

建立微分方程为

$$m^* \ddot{x} + k^* x = F_0 e^{j\omega t} \qquad (7.4.1)$$

式中：F_0 为激励载荷幅值；ω 为激励载荷角频率。

设通解为

$$x = x_0 e^{j(\omega t - \theta)}$$

将其代入式(7.4.1)并整理，可得

$$(k - m\omega^2)x + (c - b\omega^2)x \cdot j = F_0 e^{j\omega t} \qquad (7.4.2)$$

所以得到

$$x = \frac{F_0 e^{j\omega t}}{(k - m\omega^2) + j(c - b\omega^2)} = \frac{F_0 \cdot e^{j(\omega t - \theta)}}{k} \cdot \frac{1}{\sqrt{(1 - z^2)^2 + (\eta_r - \eta z^2)^2}}$$

$$(7.4.3)$$

式中：$\tan\theta = \dfrac{\eta_r - \eta z^2}{1 - z^2}$；$\eta_r = \dfrac{c}{k}$ 为橡胶金属复合件的阻尼损耗因子。

位移振幅为

$$x_0 = \frac{F_0}{k} \cdot \frac{1}{\sqrt{(1 - z^2)^2 + (\eta_r - \eta z^2)^2}} \qquad (7.4.4)$$

激励经过隔振系统后，输出的传递力为

$$F_T = (k + cj)x + (bj)\ddot{x} = (k + cj - b\omega^2 j)x \qquad (7.4.5)$$

则输出的传递力幅值为

$$F_{T0} = x_0 \sqrt{k^2 + (c - b\omega^2)^2} = k x_0 \sqrt{1 + (\eta_r - \eta z^2)^2} \qquad (7.4.6)$$

传递率为

$$T_{ir} = \frac{F_{T0}}{F_0} = \sqrt{\frac{1 + (\eta_r - \eta z^2)^2}{(1 - z^2)^2 + (\eta_r - \eta z^2)^2}} \qquad (7.4.7)$$

7.4.2 传递率对比分析

经典的 ISD 隔振系统的传递率为

$$T_{isd} = \sqrt{\frac{(1 - \eta z^2)^2 + 4\xi_r^2 z^2}{(1 - (1 + \eta)z^2)^2 + 4\xi_r^2 z^2}} \qquad (7.4.8)$$

结合本章测得的橡胶金属复合件的阻尼损耗因子 η_r、等效黏性阻尼比 ξ_r、试验惯质系数和试验传递率，将式(7.4.7)和式(7.4.8)对比，得到图 7.4.1 和图 7.4.2。

如图 7.4.1 和图 7.4.2 所示，在 10Hz 频段内，根据试验结果，无论惯容器导程为 10mm 还是 5mm，新推导的传递率相比经典的 ISD 隔振系统得到的传递率，用于惯容-橡胶复合隔振器都更加精确。具体的，导程为 10mm 时，在 0~5Hz 频段内，新推导的传递率、经典的 ISD 隔振系统得到的传递率、试验传递率三者较为相近；5~10Hz 频段内，无论是试验惯质系数还是理想线性惯质系数得到的新传递率，都与试验传递率相差较小，而经典的 ISD 隔振系统得到的传递率与试验传递率相差较大。导程为 5mm 时，在 0~3Hz 频

114

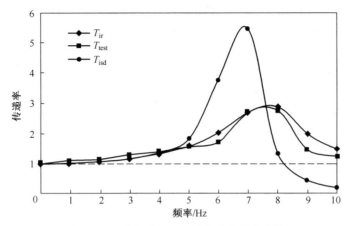

图 7.4.1　导程为 10mm 时各种传递率比较

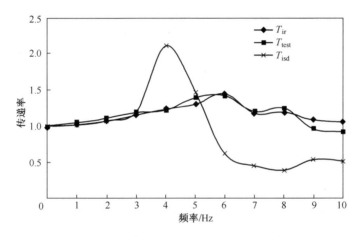

图 7.4.2　导程为 5mm 时各种传递率比较

段内,新推导的传递率、经典的 ISD 隔振系统得到的传递率、试验传递率三者较为相近;
3~10Hz 频段内,无论是试验惯质系数还是理想线性惯质系数得到的新传递率,都与试验
传递率相差较小,而经典的 ISD 隔振系统得到的传递率与试验传递率相差较大。显然,根
据试验结果,在低频范围内,导程越小,惯质系数越大,经典的 ISD 隔振系统得到的传递率
所能应用的频率范围越小,得到的惯容-橡胶复合隔振器的传递率越不精确,相比之下,
本书推导得到的传递率更加精确。

7.5　本章小结

经过对惯容-橡胶复合隔振器的静态试验和动态试验分析,可以得到一些关于惯容-
橡胶复合隔振器的特性和优点。总结如下:

（1）测试含惯容器的复合隔振器的静刚度时,应该尽量降低加载速度或者去除惯容
器,单独测试无惯容器时隔振器的静刚度,减小传递摩擦力以及惯性力的影响。

（2）复合隔振器的动刚度大约是静刚度的 1.3 倍,在设计复合隔振器时,已知复合隔振器静刚度的情况下,可以初步估计其动刚度。

（3）在 10Hz 以内,导程越小,惯质系数越大,惯质系数波动越大,虚拟固有频率在各个频率下的波动也越大。此外,惯质系数越大,移频比例越大,传递率越小,振动加速度越平缓,隔振效果越好。

（4）比较含两种导程惯容器的复合隔振器,导程越小,隔振性能越好,但是导程越小,滚珠与滚道之间接触压力、摩擦力等都会变大,使用寿命会缩短。所以设计惯容–橡胶复合隔振器需要权衡导程与寿命之间的关系。

（5）本书定义复质量后推得的惯容–橡胶复合隔振器的传递率较经典 ISD 系统得到的传递率更加精确。

参考文献

［1］温华兵,昝浩,陈宁,等. 惯容器对隔振系统动态性能影响研究[J]. 实验力学,2015, 30(4):483-490.

［2］张孝良,聂佳梅. 摩擦力对滚珠丝杠惯容器频响特性的影响[J]. 机械科学与技术,2015, 34(5):770-774.

［3］郭俊华,温华兵. 基于复惯质系数的惯容–橡胶复合隔振系统传递率研究[C]. 第十六届船舶水下噪声学术讨论会,2017.

第8章 惯容-橡胶复合隔振器在柴油发电机组的应用分析

惯容器作为一种低频隔振性能较好的元件,已经在汽车、火车、建筑等工程领域得到了应用[1-8]。但是迄今为止,惯容器还没有在船海领域有实际的应用。

5DK-20型柴油发电机组作为一种典型的船用柴油发电机组,具有许多的优点,但由于其在工作过程中振动剧烈,工程应用受到了限制。其振动剧烈的主要原因:①在柴油机运行过程中产生较大的往复惯性力和离心惯性力冲击;②直列型柴油机比于其他形式的柴油机(如V列)更容易产生振动;③5DK-20型柴油机的扰动扭矩较大,尤其是二次纵向扰动转矩,其振幅达到22.56kN·m。相比于其他型号的机组,基于上述三个原因,5DK-20型柴油发电机组在工作过程中产生的振动会更加剧烈。

为了改善5DK-20型柴油发电机组工作过程中振动剧烈的劣势,基于前几章对惯容-橡胶复合隔振器的设计思路,本章将惯容-橡胶复合隔振器应用于5DK-20型柴油发电机组的隔振系统中,研究其隔振性能及其柴油发电机组的动力学特性。

8.1 柴油发电机组隔振系统简介

如图8.1.1所示,5DK-20型柴油发电机组隔振系统由整体机组、1个公共底座以及8个隔振器组成。对整个隔振系统建立坐标系:坐标系原点选在整个隔振系统的重心位置;x轴方向为柴油机的曲轴轴线方向,即x轴方向为柴油发电机组的长度方向;y轴方向为柴油机的宽度方向,取柴油机自由端方向为正;z方向为垂直方向,取垂直向上方向为正;横摇方向为绕x轴转动的方向(Rx轴),α为其转动角度;纵摇方向为绕x轴转动的方向(Ry轴),β为其转动角度;平摇方向为绕x轴转动的方向(Rz轴),γ为其转动角度。柴油发电机组的其他参数及其数值参见表8.1.1。

将惯容-橡胶复合隔振器简化为Ⅱ-ISD,本章将探讨5DK-20型柴油发电机组在应用惯容-橡胶复合隔振器后的固有频率及临界转速、隔振器与柴油发电机组接触位置的速度响应及传递到基础的力、整体隔振系统的位移响应、加速度响应及振动烈度。

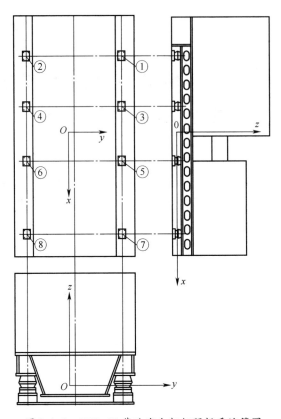

图 8.1.1　5DK-20柴油发电机组隔振系统简图

表 8.1.1　5DK-20柴油发电机组隔振系统参数

参数名称	符号	单位	数值
柴油发电机组的总质量(湿重)	m	kg	16227
围绕 x 轴的转动惯量	J_x	kg · m²	8356.3
围绕 y 轴的转动惯量	J_y	kg · m²	33232.2
围绕 z 轴的转动惯量	J_z	kg · m²	27639.0
橡胶横向刚度	k_x , k_y	kN/mm	4
橡胶纵向刚度	k_z	kN/mm	3.1
动刚度因子	—	—	1.25
阻尼比	ξ		0.07
扰动力矩	$M(f_{Rz} = 15\text{Hz})$	kN · m	0.41
	$M(f_{Ry} = 15\text{Hz})$	kN · m	7.86
	$M(f_{Ry} = 30\text{Hz})$	kN · m	22.56
	$M(f_{Rx} = 37.5\text{Hz})$	kN · m	13.09
	$M(f_{Rx} = 75\text{Hz})$	kN · m	3.99
额定转速	n_n	r/min	900

参数名称	符号	单位	数值
隔振器坐标(x,y,z)	①	mm	$(-1632,702,124)$
	②	mm	$(-1632,-578,124)$
	③	mm	$(-732,702,124)$
	④	mm	$(-732,-578,124)$
	⑤	mm	$(468,702,124)$
	⑥	mm	$(468,-578,124)$
	⑦	mm	$(2018,702,124)$
	⑧	mm	$(2018,-578,124)$

8.2 柴油发电机组隔振系统动力学建模

如图 8.2.1 所示,将参振质量 m 简化为刚体,取参振质量 m 所取坐标原点偏离平衡位置的位移 x、y、z 以及各轴的转角 α、β、γ 为广义坐标,即

$$\boldsymbol{q} = (q_1,q_2,q_3,q_4,q_5,q_6)^{\mathrm{T}} = (x,y,z,\alpha,\beta,\gamma)^{\mathrm{T}} \tag{8.2.1}$$

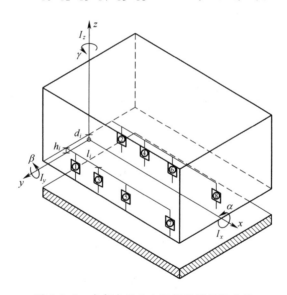

图 8.2.1 底部安置 8 个隔振器的隔振系统

系统的动能为

$$T = \frac{1}{2}m(\dot{x}^2 + \dot{y}^2 + \dot{z}^2) + \frac{1}{2}J_x\dot{\alpha}^2 + \frac{1}{2}J_y\dot{\beta}^2 + \frac{1}{2}J_z\dot{\gamma}^2 + \frac{1}{2}b\sum_{i=1}^{8}\dot{z}_i^2 \tag{8.2.2}$$

式中:J_x、J_y、J_z 分别为柴油发电机组绕 x、y、z 三轴转动的惯性矩;b 为惯容-橡胶复合隔振器中惯容器的惯质系数。

系统的势能为

$$U = \frac{1}{2} \sum_{i=1}^{8} \left(K_x x_i^2 + K_y y_i^2 + K_z z_i^2 \right) \tag{8.2.3}$$

式中：$K_x = 1.25k_x$、$K_y = 1.25k_y$、$K_z = 1.25k_z$ 分别为隔振器的 x 向、y 向及 z 向的动刚度；(x_i, y_i, z_i) 为第 i 个隔振器的坐标。根据几何关系,有方程组

$$\begin{cases} x_i = x + h_i\beta + d_i\gamma \\ y_i = y + h_i\alpha + l_i\gamma \\ z_i = z + d_i\alpha + l_i\beta \end{cases} \tag{8.2.4}$$

式中：l_i、d_i、h_i 分别为第 i 个隔振器与坐标原点之间的三向截距。

根据拉格朗日方程

$$\frac{\mathrm{d}}{\mathrm{d}t}\left(\frac{\partial T}{\partial \dot{q}_r}\right) - \frac{\partial T}{\partial q_r} + \frac{\partial U}{\partial q_r} = Q_r(t) \quad (r = 1, 2, \cdots, 6) \tag{8.2.5}$$

可得

$$\begin{cases} \dfrac{\mathrm{d}}{\mathrm{d}t}\left(\dfrac{\partial T}{\partial \dot{x}}\right) = m\ddot{x}, \dfrac{\partial T}{\partial x} = 0, \dfrac{\partial U}{\partial x} = \sum_{i=1}^{8} K_x(x + h_i\beta + d_i\gamma) \\[3mm] \dfrac{d}{\mathrm{d}t}\left(\dfrac{\partial T}{\partial \dot{y}}\right) = m\ddot{y}, \dfrac{\partial T}{\partial y} = 0, \dfrac{\partial U}{\partial y} = \sum_{i=1}^{8} K_y(y + h_i\alpha + l_i\gamma) \\[3mm] \dfrac{\mathrm{d}}{\mathrm{d}t}\left(\dfrac{\partial T}{\partial \dot{z}}\right) = m\ddot{z} + b\sum^{8}(\ddot{z} + d_i\ddot{\alpha} + l_i\ddot{\beta}), \dfrac{\partial T}{\partial z} = 0, \dfrac{\partial U}{\partial z} = \sum_{i=1}^{8} K_z(z + d_i\alpha + l_i\beta) \\[3mm] \dfrac{\mathrm{d}}{\mathrm{d}t}\left(\dfrac{\partial T}{\partial \dot{\alpha}}\right) = J_x\ddot{\alpha} + b\sum_{i=1}^{8} d_i(\ddot{z} + d_i\ddot{\alpha} + l_i\ddot{\beta}), \dfrac{\partial T}{\partial \alpha} = 0, \dfrac{\partial U}{\partial \alpha} = \sum_{i=1}^{8}\left[K_y h_i(y + h_i\alpha + l_i\gamma) + K_z d_i(z + d_i\alpha + l_i\beta)\right] \\[3mm] \dfrac{\mathrm{d}}{\mathrm{d}t}\left(\dfrac{\partial T}{\partial \dot{\beta}}\right) = J_y\ddot{\beta} + b\sum_{i=1}^{8} l_i(\ddot{z} + d_i\ddot{\alpha} + l_i\ddot{\beta}), \dfrac{\partial T}{\partial \beta} = 0, \dfrac{\partial U}{\partial \beta} = \sum_{i=1}^{8}\left[K_x h_i(x + h_i\beta + d_i\gamma) + K_z l_i(z + d_i\alpha + l_i\beta)\right] \\[3mm] \dfrac{\mathrm{d}}{\mathrm{d}t}\left(\dfrac{\partial T}{\partial \dot{\gamma}}\right) = J_z\gamma, \dfrac{\partial T}{\partial \gamma} = 0, \dfrac{\partial U}{\partial \gamma} = \sum_{i=1}^{8}\left[K_x d_i(x + h_i\beta + d_i\gamma) + K_y l_i(y + h_i\alpha + l_i\gamma)\right] \end{cases}$$

外激励与阻尼力均为非有势力,它们与广义坐标 $(x, y, z, \alpha, \beta, \gamma)$ 之间对应的广义力分别为

$$\begin{cases} Q_x = F_x - \sum_{i=1}^{8} c_x\dot{x}_i, \quad Q_y = F_y - \sum_{i=1}^{8} c_y\dot{y}_i, \quad Q_z = F_z - \sum_{i=1}^{8} c_z\dot{z}_i \\[3mm] Q_\alpha = M_{Rx} - \sum_{i=1}^{8} c_z\dot{z}_i\sqrt{d_i^2 + h_i^2}, \quad Q_\beta = M_{Ry} - \sum_{i=1}^{8} c_z\dot{z}_i\sqrt{l_i^2 + h_i^2} \\[3mm] Q_\gamma = M_{Rz} - \sum_{i=1}^{8} c_{xy}\sqrt{(d_i^2 + l_i^2)(\dot{x}_i^2 + \dot{y}_i^2)} = M_{Rz} - \sum_{i=1}^{8} c_{xy}\left((\dot{x}_i + \dot{y}_i) + o(\dot{x}_i, \dot{y}_i)\right)\sqrt{d_i^2 + l_i^2} \\[3mm] \qquad \approx M_{Rz} - \sum_{i=1}^{8} (c_x\dot{x}_i + c_y\dot{y}_i)\sqrt{d_i^2 + l_i^2} \end{cases}$$

式中：F_x、F_y、F_z 分别为三向激励力；M_{Rx}、M_{Ry}、M_{Rz} 分别为绕 x、y、z 三轴的激励力矩；$c_x = 2\xi\sqrt{mk_x}$、$c_y = 2\xi\sqrt{mk_y}$、$c_z = 2\xi\sqrt{mk_z}$、c_{xy} 分别为第 i 个隔振器的 x 向、y 向、z 向阻尼

120

及横向综合阻尼。

代入拉格朗日方程,可得

$$M\ddot{q} + C\dot{q} + Kq = F \tag{8.2.6}$$

式中

$$M = \begin{bmatrix} m & 0 & 0 & 0 & 0 & 0 \\ 0 & m & 0 & 0 & 0 & 0 \\ 0 & 0 & m+8b & b\sum_{i=1}^{8}d_i & b\sum_{i=1}^{8}l_i & 0 \\ 0 & 0 & b\sum_{i=1}^{8}d_i & J_x + b\sum_{i=1}^{8}d_i^2 & b\sum_{i=1}^{8}d_il_i & 0 \\ 0 & 0 & b\sum_{i=1}^{8}l_i & b\sum_{i=1}^{8}d_il_i & J_y + b\sum_{i=1}^{8}l_i^2 & 0 \\ 0 & 0 & 0 & 0 & 0 & J_z \end{bmatrix}$$

$$C = \begin{bmatrix} 8c_x & 0 & 0 & 0 & c_x\sum_{i=1}^{8}h_i & c_x\sum_{i=1}^{8}d_i \\ 0 & 8c_y & 0 & c_y\sum_{i=1}^{8}h_i & 0 & c_y\sum_{i=1}^{n}l_i \\ 0 & 0 & 8c_z & c_z\sum_{i=1}^{8}d_i & c_z\sum_{i=1}^{8}l_i & 0 \\ 0 & 0 & c_z\sum_{i=1}^{8}\sqrt{d_i^2+h_i^2} & c_z\sum_{i=1}^{8}d_i\sqrt{d_i^2+h_i^2} & c_z\sum_{i=1}^{8}l_i\sqrt{l_i^2+h_i^2} & 0 \\ 0 & 0 & c_z\sum_{i=1}^{8}\sqrt{l_i^2+h_i^2} & c_z\sum_{i=1}^{8}d_i\sqrt{l_i^2+h_i^2} & c_z\sum_{i=1}^{8}l_i\sqrt{l_i^2+h_i^2} & 0 \\ c_x\sum_{i=1}^{8}\sqrt{d_i^2+l_i^2} & c_y\sum_{i=1}^{8}\sqrt{d_i^2+l_i^2} & 0 & c_y\sum_{i=1}^{8}h_i\sqrt{d_i^2+l_i^2} & c_x\sum_{i=1}^{8}h_i\sqrt{d_i^2+l_i^2} & \sum_{i=1}^{8}(c_xd_i+c_yl_i)\sqrt{d_i^2+l_i^2} \end{bmatrix}$$

$$K = \begin{bmatrix} 8K_x & 0 & 0 & 0 & K_x\sum_{i=1}^{8}h_i & K_x\sum_{i=1}^{8}d_i \\ 0 & 8K_y & 0 & K_y\sum_{i=1}^{8}h_i & 0 & K_y\sum_{i=1}^{8}l_i \\ 0 & 0 & 8K_z & K_z\sum_{i=1}^{8}d_i & K_z\sum_{i=1}^{8}l_i & 0 \\ 0 & K_y\sum_{i=1}^{8}h_i & K_z\sum_{i=1}^{8}d_i & \sum_{i=1}^{8}(K_yh_i^2+K_zd_i^2) & K_z\sum_{i=1}^{8}d_il_i & K_y\sum_{i=1}^{8}h_il_i \\ K_x\sum_{i=1}^{8}h_i & 0 & K_z\sum_{i=1}^{8}l_i & K_z\sum_{i=1}^{8}d_il_i & \sum_{i=1}^{8}(K_xh_i^2+K_zd_i^2) & K_x\sum_{i=1}^{8}d_ih_i \\ K_x\sum_{i=1}^{8}d_i & K_y\sum_{i=1}^{8}l_i & 0 & K_y\sum_{i=1}^{8}h_il_i & K_x\sum_{i=1}^{8}d_ih_i & \sum_{i=1}^{8}(K_xd_i^2+K_yl_i^2) \end{bmatrix}$$

$$F = \left\{ \begin{array}{c} 0 \\ 0 \\ 0 \\ 13090\sin(75\pi t) + 3990\sin(150\pi t) \\ 7860\sin(30\pi t) + 22560\sin(60\pi t) \\ 410\sin(30\pi t) \end{array} \right\}$$

8.3 隔振系统模态分析

8.3.1 固有频率分析

由于柴油发电机组底部安置有 8 个隔振器,所以平均每个隔振器所承受的质量为

$$\overline{m} = m/8 = 16227/8 = 2028.375(\text{kg})$$

定义此时的惯质比为

$$\eta = b/\overline{m}$$

式中:$b = (2\pi/p) \cdot J_1$ 为惯容-橡胶复合隔振器中的理想线性惯质系数。

表 8.3.1 列出了在 5DK-20 型柴油发电机组底部安置 8 个传统橡胶隔振器(惯质比 $\eta = 0$)时的前 6 阶固有频率及其模态向量。从表中可知,x 轴方向与 y 轴方向分别与 Ry 方向和 Rx 方向耦合,Rz 方向不与任何方向耦合。

表 8.3.1　各阶固有频率及其模态向量

f_{nr}/Hz	方向	$\varphi^{(r)}$					
		x	y	z	α	β	γ
3.27	宽度	0.0	1.0	0.0	-0.7	0.0	0.0
5.04	长度	1.0	0.0	0.0	0.0	0.6	0.0
7.62	垂直	0.0	0.0	1.0	0.0	0.0	0.0
10.02	平摇	0.0	0.0	0.0	0.0	0.0	1.0
12.50	纵摇	-1.1	0.0	0.0	0.0	1.0	0.0
18.01	横摇	0.0	0.4	0.0	1.0	0.0	0.0

图 8.3.1 为惯质比对整体隔振系统前 6 阶固有频率的影响,显然,除了平摇方向,其他方向的固有频率均有所降低,尤其是垂向、横摇及纵摇方向。垂向、横摇及纵摇方向是惯容器起隔振效果的主要作用方向,所以这三个方向的固有频率下降最多。由于 x 轴方向与 y 轴方向分别与 Ry 方向和 Rx 方向耦合,所以 x 轴方向与 y 轴方向的固有频率也有所降低。平摇方向既不是惯容器的作用方向,也不与其他方向耦合,所以平摇方向的固有频率不会应为惯容器的存在而改变。具体地,当惯质比 $\eta = 0.5$ 时,x、y、z、Rx、Ry 方向的固有频率相比 $\eta = 0$ 时,分别降低了 8%、4%、18%、12%、10%;当惯质比 $\eta = 1$ 时,x, y, z, Rx, Ry 方向的固有频率相比 $\eta = 0$ 时,分别降低了 15%、7%、29%、19%、15%。事实上,陈志强已经从理论角度证明不管什么形式的惯容器,当应用于隔振系统时,系统的固有频率会降低[9]。本书的

惯容-橡胶复合隔振器中含有惯容器,自然能使整体隔振系统的固有频率降低。

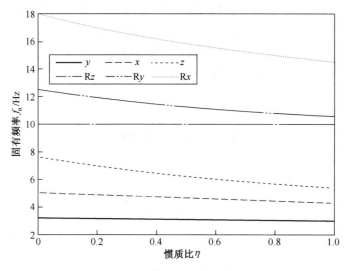

图 8.3.1　惯质比对固有频率的影响

8.3.2　临界转速分析

通常,将共振时的转速称为临界转速,旋转机械的动力学特性可以用临界转速进行初步衡量[10]。动力机械设备不允许在临界转速及其附近转速范围内长时间工作。下面对 5DK-20 型柴油发电机组的临界转速做出分析,并且讨论惯质比对机组动力学特性的影响。

如图 8.3.2 所示,y 向、x 向、z 向以及平摇和横摇方向的固有频率 f_{ny}、f_{nx}、f_{nz}、$f_{n\gamma}$、$f_{n\alpha}$ 与各自的扰动频率均相差很远;然而,纵摇方向的固有频率 $f_{n\beta} = 12.50\text{Hz}$ 与额定扰动频率 $n_n = 900\text{r/min} = 15\text{Hz}$ 接近,仅仅相差 2.5Hz,所以,在 5DK-20 型柴油发电机组的底部安置传统橡胶隔振器时,振动剧烈。

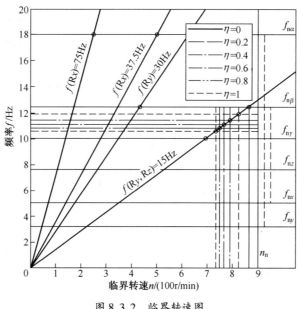

图 8.3.2　临界转速图

123

当 5DK-20 型柴油发电机组底部安置惯容-橡胶复合隔振器时,随着惯质比的增大,$f_{n\beta}$ 与 n_n 之间的距离越来越大,柴油发电机组工作也越来越安全。具体地,当惯质比 η 为 0、0.2、0.4、0.6、0.8、1 时,$f_{n\beta}$ 与 n_n 之间的距离分别相差 17%、21%、24%、26%、28%、29%。因此,相比于在 5DK-20 型柴油发电机组底部安置传统橡胶隔振器,当惯容-橡胶复合隔振器的惯质比 η 为 0、0.2、0.4、0.6、0.8、1 时,5DK-20 型柴油发电机组的工作安全性能分别提高了 24%、41%、53%、65%、71%。

8.4　隔振系统隔振性能分析

8.4.1　隔振器安装支点处速度响应幅值分析

分析不同扰动力下隔振器与柴油发电机组公共底座接触点的速度响应幅值,有助于考查柴油发电机组的振动特性,评价整体振动系统的隔振性能。速度响应幅值为

$$|V_i| = \sqrt{|V_{xi}|^2 + |V_{yi}|^2 + |V_{zi}|^2}\ (i = 1,2,\cdots,8)$$

式中:$|V_{xi}|$、$|V_{yi}|$、$|V_{zi}|$ 分别为隔振器在 x、y、z 三个方向的分速度响应幅值;i 为第 i 个隔振器的编号。计算得到在不同惯-质比下每个隔振器的速度响应幅值,如图 8.4.1 所示。

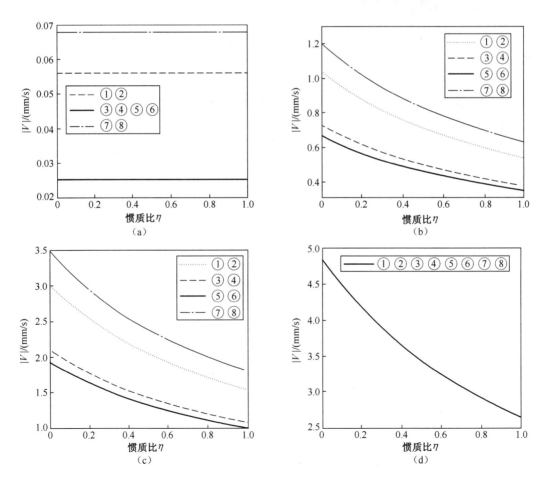

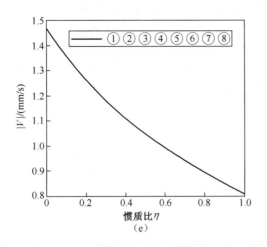

图 8.4.1　不同惯质比下各个隔振器的速度响应幅值

(a) $f(Rz) = 15Hz$；(b) $f(Ry) = 15Hz$；(c) $f(Ry) = 30Hz$；(d) $f(Rx) = 37.5Hz$；(e) $f(Rx) = 75Hz$。

如图 8.4.1(a)所示,当扰动力为平摇方向(Rz)时,惯容器对隔振器的速度响应幅值几乎没有影响,主要是由于平摇方向的振动与惯容器作用的主要方向(z、Rx、Ry)不存在耦合作用。如图 8.4.1(b)~(e)所示,当扰动力方向纵摇(Ry)或横摇(Rx)方向时,惯容器的存在可以降低隔振器的速度响应幅值,惯质比越大,速度响应幅值越小。当 $\eta = 0.5$ 时,各个隔振器的速度响应幅值降低约 30%；当 $\eta = 1$ 时,各个隔振器的速度响应幅值均降低约 45%。因此,惯容-橡胶复合隔振器的隔振性能优于同刚度和阻尼的橡胶隔振器,而且惯容器的惯质系数越大,隔振器的速度响应幅值越小,其隔振性能越好。

8.4.2　传递力分析

分析柴油发电机组通过隔振器的传递力,应该分析其传递到基础的力,即 z 向的传递力,z 向的传递力越小,隔振器的隔振效果越好,支承结构的辐射噪声也会越小。

对于惯容-橡胶复合隔振器(Ⅱ-ISD),当惯质系数 $b = 0$ 时,即系统退化为经典的 MCK 系统,其系统动力学方程为

$$m\ddot{x} + c\dot{x} + kx = F_0 e^{j\omega t} \tag{8.4.1}$$

而当 $b \neq 0$ 时,其系统动力学方程为

$$m\ddot{x} + b\ddot{x} + c\dot{x} + kx = F_0 e^{j\omega t} \tag{8.4.2}$$

对于式(8.4.1),其传递力为

$$F_{T1} = c\dot{x} + kx = (j\omega + k)x \tag{8.4.3}$$

对于式(8.4.2),其传递力为

$$F_{T2} = b\ddot{x} + c\dot{x} + kx = (j\omega + k - b\omega^2)x \tag{8.4.4}$$

式(8.4.3)减去式(8.4.4),可得

$$F_{T1} - F_{T2} = b\omega^2 x \tag{8.4.5}$$

$b\omega^2 \geqslant 0$ 恒成立,所以 $|F_{T1}| \geqslant |F_{T2}|$,当且仅当 $b = 0$ 时取等。因此,相比于传统橡胶隔振器,惯容-橡胶复合隔振器的传递力更小,并且随着惯质比的增大而减小,然而,由于惯质

125

系数越大,系统的固有频率越小,所以传递力随着惯质比的增大而非线性降低。基于此,计算得到了在不同惯质比下每个隔振器的z向传递力,如图8.4.2所示。

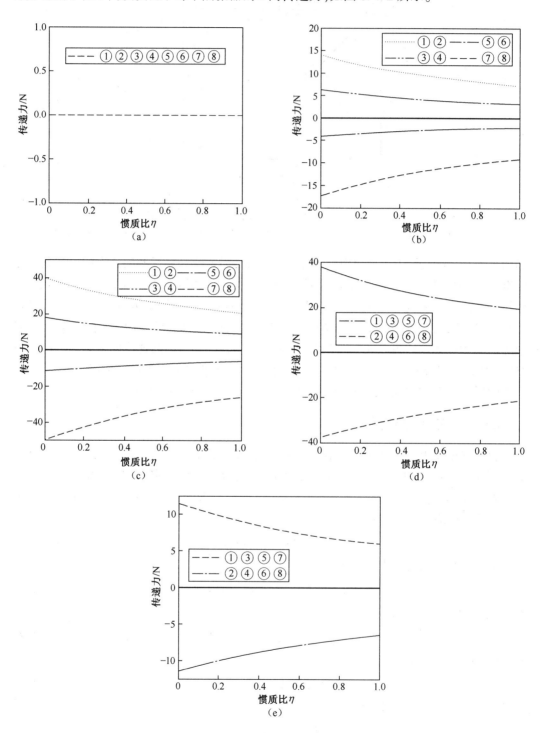

图 8.4.2　不同惯质比下各个隔振器的传递力

（a）$f(Rz)=15Hz$；（b）$f(Ry)=15Hz$；（c）$f(Ry)=30Hz$；（d）$f(Rx)=37.5Hz$；（e）$f(Rx)=75Hz$。

如图 8.4.2(a)所示,当激励为平摇时,传递到基础的力基本为 0,惯容器对隔振器传递到基础的力基本没有影响。如图 8.4.2(b)~(e)所示,当扰动力方向为横摇(Rx)或纵摇(Ry)方向时,惯容器可以抑制隔振器传递到基础的力,惯质比越大,隔振器传递到基础的力越小。当惯质比 $\eta = 0.5$ 时,各个隔振器传递到基础的力均降低了约 30%;当惯质比 $\eta = 1$ 时,各个隔振器传递到基础的力均降低了约 45%。显然,惯容器的惯质系数越大,隔振器传递到基础的力越小,其隔振性能越好。

8.5 柴油发电机组响应分析

柴油发电机组的振动响应反映了其工作的稳定性和可靠性,振动响应越小,柴油的发电机组工作越稳定可靠,使用寿命越长。为此,将 $\boldsymbol{F}$、$\boldsymbol{M}$、$\boldsymbol{C}$、$\boldsymbol{K}$ 用 5DK-20 型柴油发电机组的具体参数数据代入,并且将式(8.2.6)表示成:

$$\ddot{\boldsymbol{q}} = -\boldsymbol{M}^{-1}\boldsymbol{C}\dot{\boldsymbol{q}} - \boldsymbol{M}^{-1}\boldsymbol{K}\boldsymbol{q} + \boldsymbol{M}^{-1}\boldsymbol{F} \tag{8.5.1}$$

在 Matlab/Simulink 中进行仿真,得到了 5DK-20 型柴油发电机组在额定工况下的振动位移、速度以及加速度响应。

8.5.1 位移响应分析

柴油发电机组的振动位移过大会导致与其连接的管路系统振动过大,减少管路系统的使用寿命,因此分析柴油发电机组的位移响应非常有必要。通过仿真得到 5DK-20 型柴油发电机组在不同惯质比下图 8.5.1 所示的各个方向的位移响应。

如图 8.5.1(a)~(e)所示的柴油发电机组 x、y、z、Rx、Ry 向位移响应,惯质比越大,柴油发电机组的振动位移幅值越小。当惯质比 $\eta = 0.5$ 时,x、y、z、Rx、Ry 向振动位移幅值相比于 $\eta = 0$ 时分别减小了 50%、50%、35%、32%、44%;当惯质比 $\eta = 1$ 时,x、y、z、Rx、Ry 向振动位移幅值相比于 $\eta = 0$ 时分别减小了 83%、70%、71%、49%、61%。如图 8.5.1(f)所示的 Rz 向位移响应,当 η 为 0 或 0.5 或 1 时,振动位移响应曲线基本重合,说明惯容器对 Rz 向几乎没有减振作用。

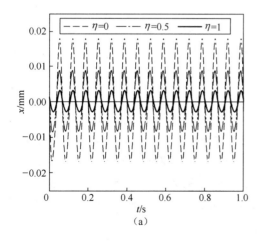

(a)

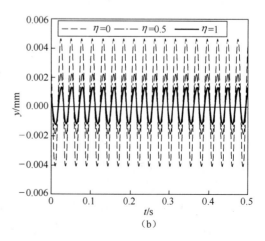

(b)

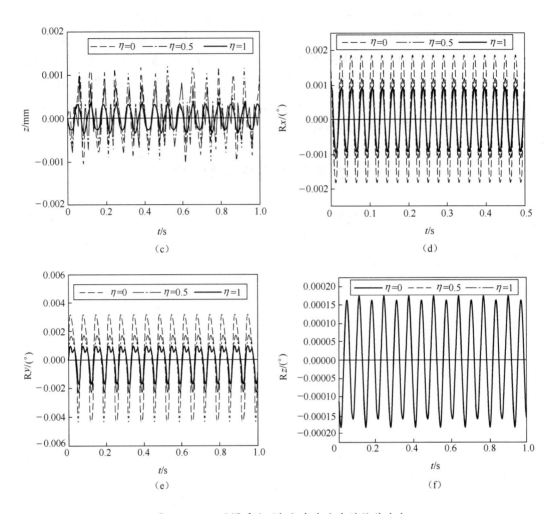

图 8.5.1 不同惯质比下机组各个方向的位移响应

(a) x 方向;(b) y 方向;(c) z 方向;(d) Rx 方向;(e) Ry 方向;(f) Rz 方向。

8.5.2 加速度响应分析

柴油发电机组的振动加速度可影响工作的可靠性,振动加速度越小,工作越可靠,各个零部件损坏的可能性越小,使用寿命越长。分析柴油发电机组的加速度响应非常有必要,通过仿真得到了 5DK-20 型柴油发电机组在不同惯质比下图 8.5.2 所示的各个方向的加速度响应。

如图 8.5.2(a)~(e)所示的柴油发电机组 x、y、z、Rx、Ry 向加速度响应,惯质比 η 越大,柴油发电机组的振动加速度幅值越小。当惯质比 $\eta = 0.5$ 时,x、y、z、Rx、Ry 向振动加速度幅值相比于 $\eta = 0$ 时分别减小了约 46%、52%、9%、33%、40%;当 $\eta = 1$ 时,x、y、z、Rx、Ry 向振动加速度幅值相比于 $\eta = 0$ 时分别减小了约 82%、71%、75%、49%、61%。如图 8.5.2(f)所示的 Rz 向加速度响应,η 为 0 或 0.5 或 1 时的振动加速度响应曲线基本重合,说明惯容器对 Rz 向几乎没有减振作用。

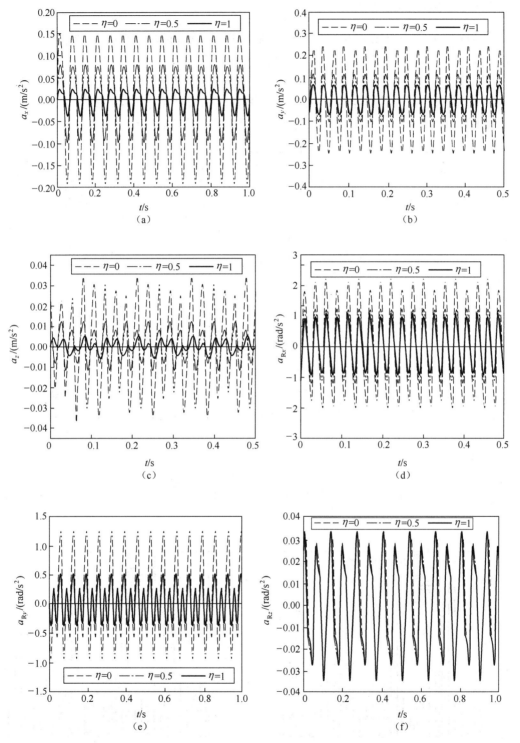

图 8.5.2 不同惯质比下机组各个方向的加速度响应

（a）x 方向；（b）y 方向；（c）z 方向；（d）Rx 方向；（e）Ry 方向；（f）Rz 方向。

8.5.3 振动烈度分析

振动烈度是反映机械振动强度的参量,即物体振动速度的均方根值,振动烈度为

$$V_{\mathrm{rms}} = \sqrt{\frac{1}{T}\int_0^T V^2(t)\,\mathrm{d}t} \tag{8.5.2}$$

振动烈度越大,机械越容易损坏,使用寿命越短,所以在柴油发电机组上选取一些测点(具体测点编号及其坐标见图 8.5.3)进行振动烈度分析非常必要。

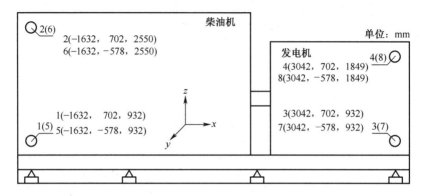

图 8.5.3　具体测点编号及其坐标

如图 8.5.4(a)～(c)所示的柴油发电机组在不同惯质比下各个方向的振动烈度,惯质比 η 越大,柴油发电机组的振动烈度越小。当惯质比 $\eta = 0.5$ 时,各个测点的振动烈度相比于 $\eta = 0$ 时减小了约 32%;当惯质比 $\eta = 1$ 时,各个测点的振动烈度相比于 $\eta = 0$ 时减小了约 56%。

根据公式

$$V_{\mathrm{s}} = \sqrt{\left(\frac{\sum V_{ix\mathrm{rms}}}{N_x}\right)^2 + \left(\frac{\sum V_{iy\mathrm{rms}}}{N_y}\right)^2 + \left(\frac{\sum V_{iz\mathrm{rms}}}{N_z}\right)^2} \tag{8.5.3}$$

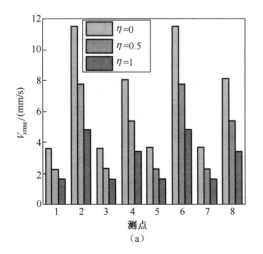

(a)

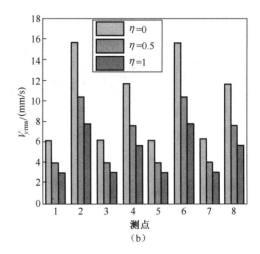

(b)

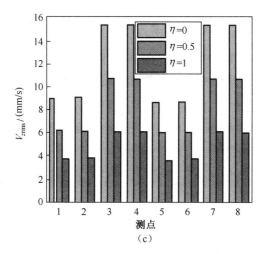

图 8.5.4 机组各个测点在不同惯质比下的振动烈度

(a) V_{xrms}；(b) V_{yrms}；(c) V_{zrms}。

式中：V_s 为当量振动烈度；V_{ixrms}、V_{iyrms}、V_{izrms} 分别为第 i 个测点在 x、y、z 向的振动烈度；N_x、N_y、N_z 分别为 x、y、z 向的测点个数,本书 $N_x = N_y = N_z = 8$。得到：$V_s(\eta = 0) =$ 17.07mm/s，$V_s(\eta = 0.5) = 11.57$mm/s，$V_s(\eta = 1) = 7.52$mm/s。对柴油发电机组振动品质的划分,当 $\eta = 0$ 和 $\eta = 0.5$ 时,柴油发电机组的振动品质为 B 级($V_s < 28$mm/s)；当 $\eta = 1$ 时,柴油发电机组的振动品质为 A 级($V_s < 11.2$mm/s)。

8.6　本　章　小　结

本章将惯容-橡胶复合隔振器应用于 5DK-20 型柴油发电机组,基于此,分析了在不同惯质比下整个系统的振动模态,不同扰动力下隔振器的性能,以及机组整体系统的响应,均取得了较好的效果。结果表明：

(1) 应用惯容-橡胶复合隔振器可以降低柴油机发电机组的固有频率,提高其工作安全性。当惯质比 η 为 0.2、0.4、0.6、0.8、1 时,相比于传统橡胶隔振器($\eta = 0$)其工作安全性能分别可以提高 24%、41%、53%、65%、71%。

(2) 相比于传统橡胶隔振器,惯容-橡胶复合隔振器的响应幅值和柴油发电机组传递到基础的力更小,其隔振效果更好。当惯质比 $\eta = 0.5$ 时,隔振器的隔振性能改善了 30% 左右；当惯质比 $\eta = 1$ 时,隔振器的隔振性能改善了 45% 左右。

(3) 应用惯容-橡胶复合隔振器的柴油发电机组具有更小的位移、加速度以及加速度响应,工作更加稳定可靠。当惯质比 $\eta = 0.5$ 时,柴油发电机组的振动性能改善大于 30%；当惯质比 $\eta = 1$ 时,柴油发电机组的振动性能改善大于 45%。

参考文献

[1] Smith M C, Wang F C. Performance benefits in passive vehicle suspensions employing inerters[J]. Vehicle System Dy-

namics, 2004, 42(4): 235-257.

[2] Jiang J Z, Matamoros-Sanchez A Z, Goodall R M, et al. Passivesuspensions incorporating inerters for railway vehicle[J]. Vehicle System Dynamics, 2012, 50(S1): 263-276.

[3] Wang F C, Yu C H, Chang M L, et al. The performance improvements of train suspension systems with inerters[C]. Proceedings of the 44th IEEE Conference on Decision and Control, San Diego, CA, US: IEEE Control Systems Society, 2006:1472-1477.

[4] Wang F C, Liao M K, Liao B H, et al. The improvements of train suspension systems with mechanical networks[J]. Vehicle System Dynamics, 2009, 47(7): 805-830.

[5] Wang F C, Liao M K. The lateral stability of train suspension systems employing inerters[J]. Vehicle System Dynamics, 2010, 48(5): 619-643.

[6] Wang F C, Hsieh M R, Chen H J. Stability and performance analysis of a full-train system with inerters[J]. Vehicle System Dynamics, 2012, 50(4): 545-571.

[7] Wang F C, Chen C W, Liao M K, et al. Performance analyses of building suspension control with inerters [C]. Proceedings of the 44th IEEE Conference on Decision and Control. New Orleans, Louisiana, US: IEEE, 2007: 3786-3791.

[8] Wang F C, Hong M F, Chen C W. Building suspension with inerters[J]. Proceedings of the Institution of Mechanical engineers, Part C: Journal of Mechanical Engineering Science, 2010, 224(8): 1605-1616.

[9] Chen Michael Z Q, Hu Yinlong, Huang Lixi, et al. Influence of inerter on natural frequencies of vibration systems[J]. Journal of Sound and Vibration, 2014, 333(7):1874-1887.

[10] 严济宽. 机械振动隔离技术[M]. 上海: 上海科学技术出版社, 1986.

第 9 章　惯容器在船海领域应用的其他探索

惯容器已经在车辆、建筑等领域取得了较好的应用,但是其应用的探索远远没有止步于车辆和建筑领域,已经将惯容器的应用探索拓展到山地自行车、机床以及军用坦克等领域[1-3]。但是,惯容器至今还没有在船舶与海工领域得到很好的应用。

本书从第 5 章到第 8 章具体讲述了惯容–橡胶复合隔振器[4]的详细设计、优化与试验研究及其在柴油发电机组的应用。鉴于船海领域的振动问题尤为突出,本章将探索惯容器在船海领域的其他一些应用。

9.1　含惯容结构的半主动减摇鳍

船舶在航行过程中遇到风浪时会产生横向摇摆的现象,船舶的横向摇摆会降低船舶的适航性,损坏船体结构,影响设备、仪表的正常工作,还会导致货物移位或撞击损坏,也会使工作人员或乘客昏晕,对战斗舰艇会很大程度上影响其战斗力。为了减少船舶的横向摇摆,目前效果较好的解决办法是在船舶的舭部安装减摇鳍。减摇鳍装于船中两舷舭部,剖面为机翼形,又称侧舵,通过操纵机构转动减摇鳍,使水流在上产生作用力,从而形成减摇力矩,减小摇摆,以便减少船体横摇。该设备有收放式减摇鳍和非收放式减摇鳍两大系列,配备减摇鳍装置的船只,能够提高船舶的安全性,改善船舶的适航性,改善船上工作条件,提高船员工作效率,避免货物碰撞及损伤,提高船舶在风浪中的航速,节省燃料,助长其他船舶设备的使用寿命;保证特殊作业,如直升机起降、观测仪器准确使用等。

文献[5]描述了一种电驱动减摇鳍电伺服控制系统,此控制系统不仅涉及简单的减摇鳍结构,还涉及工控机、交流伺服机构等,总体上实现起来较为复杂。此外,该系统只是根据船舶摇摆程度调整减摇鳍,而不是利用海水的波动力矩进行调节,耗费了大量的电能,且没有利用海水波动能。文献[6]描述了一种用于海洋工程辅助船的舭龙骨,舭龙骨是一种被动式的减摇装置,对于一些远洋高速船舶来说,其效果往往达不到要求。

9.1.1　含惯容结构的半主动减摇鳍结构设计

基于此现状,本书设计了图 9.1.1 所示的一种含惯容结构的半主动减摇鳍[7],其主要结构包括上壳体 2、下壳体 19、滚珠丝杠式惯容器组件、齿轮齿条传动机构和密封装置。下壳体 19 固定安装在船体板 17 上,上壳体 2 与下壳体 19 固定连接,滚珠丝杠式惯容器组件、齿轮齿条传动机构和密封装置设置于上壳体 2 与下壳体 19 之间的内部空腔内;下壳体 19 中间位置开设有贯通的惯容器安装孔,惯容器安装孔内固定安装有滚珠丝杠式惯容器组件,滚珠丝杠式惯容器组件与齿轮齿条传动机构转动连接,齿轮齿条传动机构安装在鳍杆 7 上,鳍杆 7 上设有密封装置,密封装置固定安装在下壳体 19 与上壳体 2 的一端,鳍杆7穿过船体15内部与海水接触的一端固定安装有减摇鳍16。

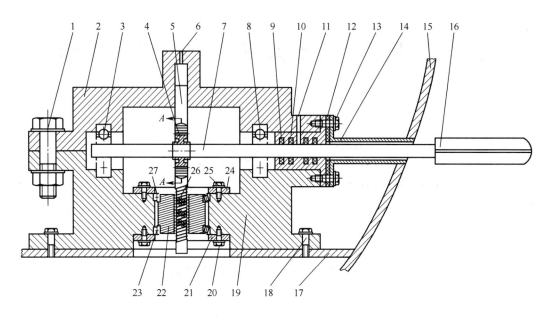

图9.1.1　含惯容结构的半主动减摇鳍

1—螺栓A;2—上壳体;3—轴承A;4—齿轮;5—贯穿螺杆;6—小孔A;7—鳍杆;8—轴承B;
9—橡胶环A;10—密封壳体;11—小孔B;12—橡胶环B;13—螺栓B;14—焊接套筒;15—船体;
16—减摇鳍;17—船体板;18—螺栓C;19—下壳体;20—螺栓D;21—轴承下限位环;22—飞轮;
23—轴承C;24—轴承上限位环;25—螺栓E;26—滚珠;27—轴承D。

如图9.1.2所示,滚珠丝杠式惯容器组件包括贯穿螺杆5、轴承下限位环21、飞轮22、轴承上限位环24与滚珠26,贯穿螺杆5的下端通过滚珠26转动安装在飞轮22内部;飞轮22转动安装在惯容器安装孔中;轴承下限位环21与轴承上限位环24固定安装在下壳体19上,并且轴承下限位环21的上端面、轴承上限位环24的下端面分别与飞轮22的两

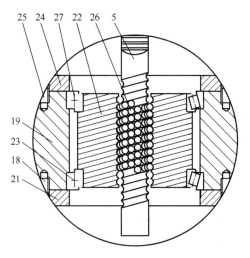

图9.1.2　惯容结构放大图

5—贯穿螺杆;22—飞轮;24—轴承上限位环;25—螺栓E;26—滚珠;27—轴承D。

个端面抵接，从而实现飞轮 22 的定位。

如图 9.1.1 所示，飞轮 22 的下端面套装有轴承 C23，轴承 C23 的内圈嵌装在飞轮 22 下端面的凸缘上，其外圈嵌装在惯容器安装孔的下台阶孔；飞轮 22 的上端面套装有轴承 D27，轴承 D27 的内圈嵌装在飞轮 22 上端面的凸缘上，外圈嵌装在惯容器安装孔的上台阶孔；轴承 C23 与下限位环 21 的上端面抵接，轴承 D27 与轴承上限位环 24 的下端面抵接，从而实现飞轮 22 的转动安装。

如图 9.1.1、图 9.1.2 所示，贯穿螺杆 5 的下段设置有螺纹，其中段设置有齿条，其上段光滑平顺；贯穿螺杆 5 的下段通过滚珠 26 安装在飞轮 22 内；贯穿螺杆 5 的上段与上壳体 2 滑动连接形成活塞结构。

如图 9.1.3 所示，齿轮齿条传动机构包括轴承 A3、齿轮 4 与轴承 B8，轴承 A3 与轴承 B8 的外圈卡于上壳体 2 和下壳体 19 形成的径向圆槽中，鳍杆 7 套装于轴承 A3 与轴承 B8 内圈中；齿轮 4 通过平键 28 固定安装于鳍杆 7，并且齿轮 4 位于轴承 A3 与轴承 B8 之间；贯穿螺杆 5 中段的齿条与齿轮 4 啮合。

如图 9.1.5 所示，密封结构包括橡胶环 A9、密封壳体 10、橡胶环 B12 与焊接套筒 14，橡胶环 A9 嵌装在密封壳体 10 与鳍杆 7 接触的内侧面；密封壳体 10 套装于上壳体 2 与下壳体 19 之间的内部空腔的一端；密封壳体 10 伸出于上壳体 2 与下壳体 19 的一端与橡胶环 B12 连接，橡胶环 B12 与焊接套筒 14 的一端连接，焊接套筒 14 的另一端固定于船体 15 上。

如图 9.1.1 和图 9.1.5 所示，密封壳体 10 伸出于上壳体 2 与下壳体 19 的一端为凸缘，密封壳体 10 的凸缘抵接在由上壳体 2 与下壳体 19 组成的整体壳的一端，密封壳体 10、橡胶环 B12 与焊接套筒 14 通过螺栓固定于整体壳的一端；整体壳的另一端设有凸耳，凸耳通过螺栓紧固从而保证上壳体 2 与下壳体 19 的紧固连接。

如图 9.1.1、图 9.1.6 与图 9.1.4 所示，上壳体 2 的外部轮廓为大、小半圆柱的同轴组合体，其中大半圆柱的一个半圆柱底面与小半圆柱一个底面相接。大半圆柱的另一个底面设有凸耳，其通过螺栓 A1 与下壳体 19 的凸耳连接。大半圆柱的曲侧面上设有一个通入大半圆柱内部的圆筒用于贯穿螺杆 5 的导程，圆筒顶部开有小孔 A6 用于加润滑油，小半圆柱的曲侧面上与密封壳体 10 的相应部位通有小孔 B11，小孔 B11 贯穿至鳍杆 7 位置处用于加润滑油。

如图 9.1.1 和图 9.1.6 所示，上壳体 2 的大半圆柱的内侧面，靠近两个底面处，均设有半圆环形凸台，凸台内侧开有径向环槽，用于定位轴承 A3 外圈、轴承 B8 外圈。小半圆柱内侧面用于套装密封壳体 10，并且其不与大半圆柱相接的底面设置有螺栓孔，通过螺栓 B13 实现上壳体 2、密封壳体 10、橡胶环 B12、焊接套筒 14、下壳体 19 密封紧固连接。

如图 9.1.1、图 9.1.2 和图 9.1.7 所示，下壳体 19 整体为类似于上壳体 2 相对于其轴截侧面相对称的半圆柱体，与上壳体不同的是其下壳体 19 大半圆柱的曲侧面带有横截面呈"⊸"的柱形底座，此柱形底座的曲侧面与下壳体 19 大半圆柱的曲侧面相切并且固定安装在船体板 17 上。

作为上述结构的补充，滚珠 26 为高强度金属球或耐磨非金属球，高强度金属球优选为 30Cr 球或锆球，耐磨非金属球为陶瓷球或碳纤维增强的树脂基复合材料球；橡胶环 A9 的材料为耐磨橡胶；贯穿螺杆 5、飞轮 22 的内表面、齿轮 4 表面、鳍杆 7 与密封壳体 10 的内表面均镀覆有耐磨和防腐保护层;密封装置优选为填料函型水密封装置或橡皮环径向密封装置或自由浮动式密封装置。

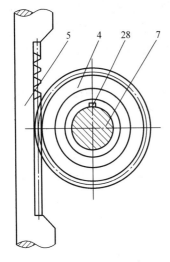

图 9.1.3 *A–A* 视图

4—齿轮;5—贯穿螺杆;7—鳍杆;28—平键。

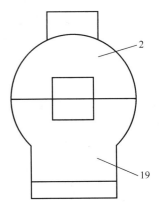

图 9.1.4 上、下壳体组合外形左视图

2—上壳体;19—下壳体。

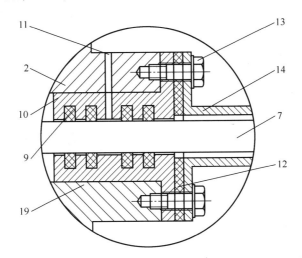

图 9.1.5 密封结构放大图

2—上壳体;7—鳍杆;9—橡胶环 A;10—密封壳体;11—小孔 B;12—橡胶环 B;13—螺栓 B;14—焊接套筒;19—下壳体。

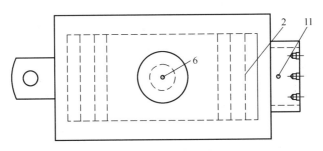

图 9.1.6 上壳体俯视图

2—上壳体;6—小孔 A;11—小孔 B。

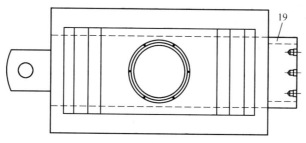

图 9.1.7　下壳体俯视图

19—下壳体。

该减摇鳍结构利用滚珠丝杠式惯容器组件作为减摇鳍的控制结构,滚珠丝杠式惯容器在大位移下具有较好的惰性,较好地缓冲了减摇鳍摇摆而使得船舶航行更加平稳;相比于主动式减摇鳍,省略了工控机与交流伺服机构等部件,结构大为简化,压缩了减摇鳍安装空间及其负重,在保证稳定性的前提下大幅度降低了制造成本;相比于舭龙骨,本发明能够将海水波动能转化为飞轮旋转动能而进行反控制,因此经济、环保、节能,有较高的工程应用价值。

9.1.2　含惯容结构的半主动减摇鳍的装配与工作原理

1. 装配方法

（1）组装滚珠丝杠副,将贯穿螺杆 5 与飞轮 22 通过滚珠 26 组装成滚珠丝杠副。

（2）安装滚珠丝杠式惯容器组件,将轴承 C23 和轴承 D27 套入飞轮 22,并且将安装好的滚珠丝杠式惯容器组件套入下壳体 19 的惯容器安装孔内。

（3）固定滚珠丝杠式惯容器组件,将轴承下限位环 21 和轴承上限位环 24 分别从贯穿螺杆 5 下部和上部套入并且分别通过螺栓固定在下壳体 19 上。

（4）安装密封装置,先将焊接套筒 14 固定至船体 15,将鳍杆 7 从船体 15 外套入焊接套筒 14,依次套入橡胶环 B12、嵌装有橡胶环 A9 的密封壳体 10、轴承 B8、齿轮 4、轴承 A3,将轴承 A3 和轴承 B8 调到能卡入下壳体 19 的凸台内侧径向环槽内的位置,并且保证鳍杆 7 头部与下壳体 19 之间有 30~50mm 的间隙。安装时需注意,绕鳍杆 7 的轴心旋转密封壳体 10,使得密封壳体 10 上的小孔能保证和上壳体 2 小半圆柱上的小孔联通以保证形成小孔 B11 而使漏油顺畅。

（5）组装齿轮齿条传动机构,使齿轮 4 与鳍杆 7 中段的齿条啮合,确保齿轮 4 与鳍杆 7 的正常传动,其中应注意,将贯穿螺杆 5 调到保证鳍杆 5 能摇摆的最大角度情况下,保证齿轮齿条传动副还能正常工作的高度。

（6）固定安装下壳体 19,通过螺栓将下壳体 19 固定安装在船体板 17 上。

（7）固定安装上壳体 2,将上壳体 2 盖在下壳体 19 上,并使其凸耳对齐,将螺栓穿过凸耳并锁紧;通过螺栓将嵌装有橡胶环 A9 的密封壳体 10、橡胶环 B12、焊接套筒 14 固定连接在由上壳体 2 盖下壳体 19 组成的整体壳的一端,从而实现上壳体 2 和下壳体 19 紧固连接,安装时应保证贯穿螺杆 5 能套入上壳体 2 的上凸圆筒。

2. 工作原理

当减摇鳍 16 摇摆带动鳍杆 7 转动时,会带动贯穿螺杆 5 上下运动,从而使得的飞轮

22 旋转运动,飞轮 22 储存的旋转动能 $E = \frac{1}{2} \cdot J \cdot \omega^2 = \frac{2\pi^2 \cdot J \cdot \Delta \dot{x}^2}{p^2}$ 与飞轮 22 的转动惯

量 J 和旋转角速度 ω 有关,与其转动惯量成正比,并与旋转角速度的平方成正比。而飞轮

22 的旋转角速度 $\omega = \frac{2\pi \cdot \Delta \dot{x}}{p}$ 与贯穿螺杆 5 的螺距 p 以及贯穿螺杆 5 的相对上下运动速

度 $\Delta \dot{x}$ 有关。船体 15 摇摆频率越大,飞轮 22 的旋转角速度越高,则飞轮 22 储存的旋转动
能越多。通过改变飞轮 22 的转动惯量和贯穿螺杆 5 的螺距,可调节飞轮 22 储存旋转动
能的能力,在飞轮 22 质量一定的情况下,应尽可能增加其转动惯量,以提高其储存能力。
对于高速旋转的飞轮 22,由于旋转运动的动能是贯穿螺杆 5 上下平动时产生的平动动能
的上百倍,从而利用较小质量的飞轮 22,极大地吸收了船体 15 摇摆时的摆动能量,尤其
是低频摆动所产生的能量。因此,惯容器在某种程度上起到了质量放大的作用,几千克的
旋转飞轮会实现几百千克甚至几吨的等效质量的效果,从而能有效吸收船体摇摆所产生
的能量,尤其是低频摇摆所产生的能量。当减摇鳍 16 由于船体 15 摆动而摆动时,船体
15 向左(右)倾斜,由于飞轮 22 惯性和海水波动力矩,减摇鳍 16 并没有很快随着船体 15
向左(右)摆动,当船体 15 开始向右倾斜时,又由于飞轮 22 不能立即改变旋转方向而抑
制减摇鳍 16 快速随船体 15 摆动,从而抑制船体 15 摇摆,就这样反复抑制,呈现出幅值减
小的简谐运动,最终能使船体 15 能在很小范围内摇摆。

9.2　含耦合惯容结构的减摇减振设备

　　船用机械设备可以分为动力机械设备和非动力机械设备。对于动力机械设备,如主
机,需要对其主动隔振,减少其工作产生的振动对周围环境的影响;对于非动力机械设备,
如船用手术台,需要对其被动隔振,减少周围环境对其的影响,以保证其工作的可靠性。
　　此外,船舶航行过程中会由于风浪作用还会产生船体摇摆,船体摇摆产生的力矩也会
传递到船用机械设备,对于主机等动力机械设备,还存在颠覆力矩,在和船体摇摆力矩的
共同作用下,使得其在工作过程中还会产生更大程度的摇摆,这种摇摆会导致诸多问题,
如导致主机弹性支承件和输出轴的相对变形,影响船舶轴系的对中,降低轴系工作可靠
性;对于船用手术台等非动力机械设备,摇摆会降低稳定性,加大了船上医生的工作难度,
降低了手术的成功概率;对于船舶武器装备的支承装置,船舶摇摆会降低武器发射的精度
和运行的可靠性。

9.2.1　减摇减振的主机基座

　　如图 9.2.1 所示,一种减摇减振的船舶主机基座,主要包括支承架 3、下层底座 9 及
液压弹性组件 10。下层底座 9 具有两排平行的支承平台用于固定安装液压弹性组件 10,
液压弹性组件 10 平行并排布置,每一组液压弹性组件 10 包括 4 个液压弹性装置 4。支承
架 3 横跨安装在液压弹性组件 10 上,船舶主机 6 放置在支承架 3 的顶板上。当主机 6 产
生振动或摇摆时,通过支承架 3 传递至液压弹性组件 10,并通过液压弹性组件 10 抵消振
动或者摇摆。

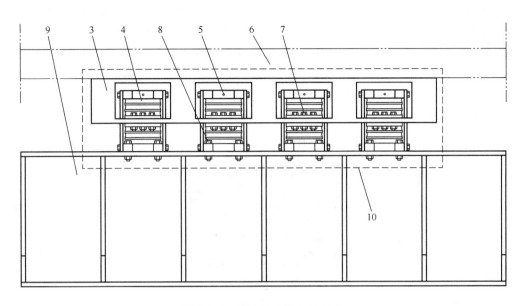

图 9.2.1　基座结构整体侧视图

3—上层支承件;4—液压弹性装置;5—液压控制阀;6—主机;7—螺栓 B;8—螺栓 C;9—下层底座。

如图 9.2.2 所示,每个液压弹性装置 4 包括两个液压弹性单元,两个弹性单元沿振动方向叠加设置。支承架 3 的底板固定在两个液压弹性单元之间,具体固定位置为两个弹性单元的接合处。因此,当主机 6 产生振动或摇摆时,主机总是通过支承架 3 压迫其底板下方的第二弹性单元。液压弹性装置 4 通过螺钉紧固在下层底座 9 的支承台面上,并排设置的两组液压弹性组件 10 的各液压弹性装置 4 对应布置。

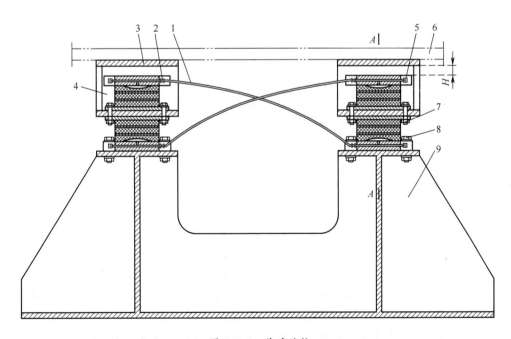

图 9.2.2　基座结构

1—液压管;2—液压接头;3—上层支承件;5—液压控制阀;6—主机。

139

如图9.2.3所示,每个液压弹性装置4的第一弹性单元的夹层顶板与第二弹性单元的夹层顶板之间固定有支承架3的底板。第二弹性单元的液压底板固定在下层底座9的支承台面上。第一弹性单元的夹层顶板49相对于支承架3的顶板位置低,间距优选为6~10mm。第一弹性单元的液压底板与第二弹性单元的液压底板通过连接板46实现刚性连接,即两个弹性单元的液压底板之间的间距恒定不变。连接板46通过螺钉固定在第一弹性单元的液压底板与第二弹性单元的液压底板上。

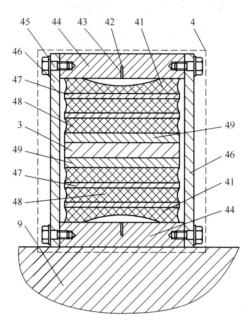

图9.2.3　液压弹性装置A向剖视图

3—上层支承件;4—液压弹性装置;9—下层底座;41—液压橡胶;42—横向液压通孔;43—纵向液压盲孔;44—液压底板;45—螺栓A;46—连接板;47—夹层板;48—夹层橡胶;49—夹层顶板。

如图9.2.3和图9.2.4所示,液压弹性装置4的弹性单元包括液压橡胶41、液压底板44、夹层板47、夹层橡胶48与夹层顶板49。液压底板44与夹层板47之间设置有液压橡胶41,夹层板47之间设置有所述夹层橡胶48,夹层板47与夹层顶板49之间设置有所述夹层橡胶48。液压橡胶41与液压底板44接触一面为凹陷的曲面,曲面优选为球面或椭球面。液压橡胶41与液压底板44之间形成的空腔为液压腔,液压腔中充满液压介质。在本实施例中,液压介质优选为矿物油型液压油或抗燃液。液压橡胶41与夹层橡胶48通过硫化连接或黏结实现固定,液压橡胶41与夹层橡胶48的材料为黏弹性高分子材料,邵氏硬度为45°~75°。

如图9.2.2所示,液压底板44上设有液压通孔,液压通孔一端连通液压腔,另一端连接液压接头2,液压接头2连接液压管1。液压管1优选为钢管、铜管、胶管或者尼龙管、工程塑料管中的任意一种。如图9.2.4所示,液压底板44呈工字形。液压通孔包括横向液压通孔42与纵向液压盲孔43,横向液压通孔42一端连接液压接头2,另一端连接液压控制阀6。液压接头2优选为焊接式管接头或者卡套式管接头或者扩口式管接头,液压控制阀5的优选为溢流阀或压力继电器。纵向液压盲孔43从横向液压通孔42向液压腔

140

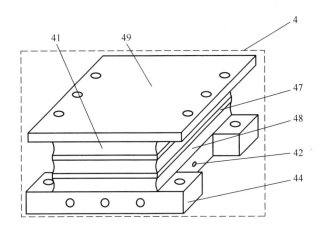

图 9.2.4 液压弹性装置三维图
4—液压弹性装置;41—液压橡胶;42—横向液压通孔;44—液压底板;
47—夹层板;48—夹层橡胶;49—夹层顶板。

的方向延伸,且纵向液压盲孔 43 连通液压腔。纵向液压盲孔 43 与横向液压通孔 42 呈 T 形贯通。

液压弹性装置 4 的第一弹性单元通过液压管 1 连接与其对应的液压弹性装置的第二弹性单元。液压弹性装置 4 的第二弹性单元通过液压管 1 连接与其对应的液压弹性 4 装置的第一弹性单元,实现彼此对应液压弹性装置 4 的第一弹性单元与第二弹性单元的相互交叉连接。

减摇减振的主机基座安装步骤如下:

(1)将液压橡胶 41 设有曲面凹槽的底面对准液压底板 44 开有纵向液压液压盲孔 43 的面,将两者进行硫化连接。

(2)将夹层板 47 与夹层橡胶 48 硫化连接,组成夹层弹性组件。

(3)将多个夹层弹性组件最底下的夹层板 47 与液压橡胶 41 的顶面硫化连接,将多个夹层弹性组件最顶上的夹层橡胶 48 的顶面与夹层顶板 49 硫化连接。

(4)将多个液压弹性装置 4 通过螺栓 C8 连接于下层底座 9 的上顶面。

(5)将上层支承件 3、上层倒置液压弹性装置 4、下层液压弹性装置 4 通过螺栓 B7 连接起来。

(6)通过螺栓 A45,用连接板 46 将上、下液压弹性装置 4 的液压底板 44 连接起来,保证连接板 46 连接上、下液压弹性装置 4 后,上、下液压弹性装置 4 有 2~4mm 的预压缩量。

(7)将多对液压接头 2 与液压管 1 连接起来,并且将液压接头连接至横向液压通孔 42。

(8)将液压控制阀 5 连接至横向液压通孔 42,并且通过液压控制阀 5 充油。

减摇减振的主机基座工作方法如下:

(1)所述上层支承件 3 的底板下方液压弹性装置 4 固定于下层底座 9 的上盖板上,所述上层支承件 3 的底板上方液压弹性装置 4 和上层支承件 3 的底板以及上层支承件 3

的底板下方液压弹性装置 4 固定在一起。

（2）所述上层支承件 3 的底板通过加强筋与上层支承件 3 的顶板连接，并且上层支承件 3 的顶板比上层液压弹性装置 4 的液压底板 44 的底面高 H，$H = 6 \sim 10\text{mm}$，以防止碰撞，上层支承件 3 的顶板的上方安置有主机 6。

（3）所述呈上、下对称的两个液压弹性装置 4 用连接板 46 穿过上层支承件 3 的底板设有的方形镂空连接起来，以保证两者的液压底板 44 相对固定。

（4）当主机 6 工作产生振动时，振动会传递至上层支承件 3 的顶板，通过上层支承件 3 的加强筋，振动会传递至上层支承件 3 的底板，由于底板与两个液压弹性装置 4 相连，所以振动会从上层支承件 3 的底板传递到液压弹性装置 4 中，由于液压橡胶 41 与夹层橡胶 48 的弹性和阻尼作用，使振动得以削弱。

（5）当主机 6 由于船体摇摆而产生摇摆时，摇摆会传递至上层支承件 3 的顶板，通过上层支承件 3 的加强筋，摇摆会传递至上层支承件 3 的底板，由于底板与两个液压弹性装置 4 相连，所以摇摆会从上层支承件 3 的底板传递到液压弹性装置 4 中。

（6）沿着船舶前进方向看，当主机 6 逆时针摇摆时，左边的上层支承件 3 会向下移动，右边的上层支承件 3 会向上移动，此时，右上的液压弹性装置 4 会被上压，左下的液压弹性装置 4 会被下压，从而导致左下的液压弹性装置 4 的液压腔体积减小，管内压力急剧增加，左下的液压弹性装置 4 的液压腔中的液体从液压管 1 流到右上的液压弹性装置 4 的液压腔中去，使得右上的液压弹性装置 4 的液压腔体积增大，使得右上的液压弹性装置 4 的液压橡胶 41、夹层板 47、夹层橡胶 48 以及夹层顶板 49 下压，从而使得右上的液压弹性装置 4 的扭转刚度大幅度增加，所以抑制了右边上层支承件 3 的向上移动。同理，左上的液压弹性装置 4 和右下的液压弹性装置 4 也是如此工作，最终削弱主机围绕输出轴轴心摇摆。

由于采用模块化设计，可以随时更换损坏零件，所以生产周期缩减了 30%，尤其是液压弹性装置 4，上、下的液压弹性装置 4 结构一样，可以相互替代，因此降低了使用成本。主机 6 工作时产生的振动传递至上层支承件 3，再传递至液压弹性装置 4，液压弹性装置 4 作为减振关键组件，能消除 30% ~ 70% 的振动，从而提高了主机的使用寿命，缓解了恶劣的工作环境，减小了恶劣环境对船员健康的危害。船舶主机由于输出轴的颠覆力矩和船体摇摆产生的摇摆传递至上层支承件 3，再传递至液压弹性装置 4，液压弹性装置 4 作为减摇关键组件，会使得斜对着的两个液压腔内流动而调节基座扭转刚度，从而能消除 30% ~ 70% 的摇摆，提高了船舶主机工作的稳定性，也使得主机 6 的轴系的对中更加精确，减小了主机弹性支承件和输出轴的相对变形。本设计也可用在陆用柴油发电机组或其他柴油机的减振减摇，甚至一些大型流体机械和起重机械。

9.2.2 减摇减振的发电式舱室地板

基于上述对船舶舱室减摇减振的要求，本书设计了一种能减摇减振并且带有发电功能的船舶舱室地板，如图 9.2.5 ~ 图 9.2.10 所示，其结构主要包括上层支承架 1、弹簧 2、液压组件 3、下层支承架 4、发电储能组件 5、液压管 6。其中，液压组件 3 包括液压活塞杆 31、螺栓 A33、液压缸盖 34、液压接头 36、液压缸体 37、液压活塞 312、液压螺母 313、螺栓 B314、液压介质 315；外圆从上到下依次为大中小直径阶梯圆柱体的液压活塞杆 31 的大

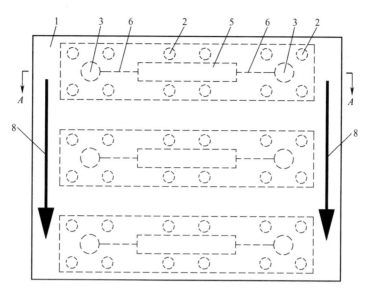

图 9.2.5 整体布置俯视图

1—上层支承架;2—弹簧;3—液压组件;5—发电储能组件;6—液压管。

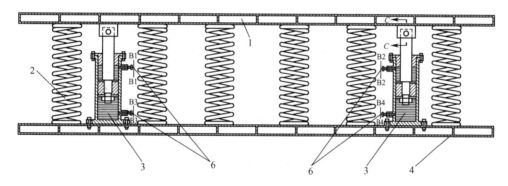

图 9.2.6 A 向剖视图

1—上层支承架;2—弹簧;3—液压组件;4—下层支承架;6—液压管。

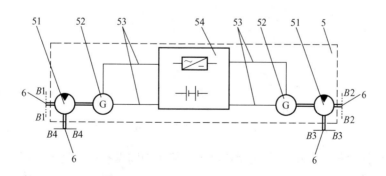

图 9.2.7 B1、B2、B3、B4 四处管断面与连接发电储能组件示意图

5—发电储能组件;6—液压管;51—液压马达;52—发电机;53—导线;54—整流蓄电装置。

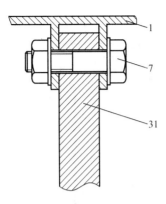

图 9.2.8 液压活塞与吊耳连接 C 向剖视图
1—上层支承架;7—螺栓 C;31—液压活塞杆。

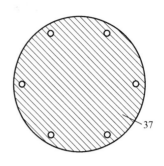

图 9.2.9 液压缸体底部 D 向剖面图
37—液压缸体。

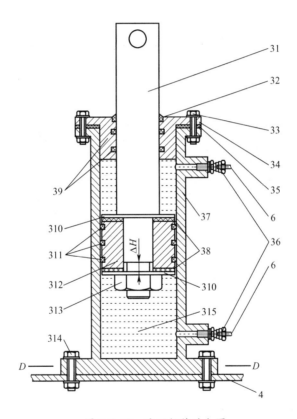

图 9.2.10 液压组件放大图

4—下层支承架;6—液压管;31—液压活塞杆;32—防尘圈;33—螺栓 A;34—液压缸盖;35—缸盖密封圈;
36—液压接头;37—液压缸体;38—活塞密封圈;39—缸盖密封环;310—活塞垫片;311—活塞环;
312—液压活塞;313—液压螺母;314—螺栓 B;315—液压介质。

直径阶梯圆柱体顶部开有小孔,通过螺栓 C7 连接于中间设有加强筋的上层支承架 1 的底面所设有的吊耳上,液压活塞杆 31 的中直径阶梯圆柱体外侧设有呈圆柱体形的液压活塞 312,并且液压活塞 312 的纵向高度比液压活塞杆 31 的中直径阶梯圆柱体的高度高 $\Delta H =$ 3~10mm,液压活塞 312 通过液压活塞杆 31 的小直径阶梯圆柱体外侧设有的螺纹,用液压螺母 313 紧固连接,液压活塞 312 外侧设有上、下两端均带有凸缘的圆筒桶状液压缸体 37,液压缸体 37 两端的凸缘均沿周向均布 6 个孔,液压缸体 37 的下端凸缘通过螺栓 B314 连接于下层支承架 4 设有的小孔,液压缸体 37 的上端凸缘通过螺栓 A33 连接中空的圆柱体形液压缸盖 34 设有的凸缘,液压缸体 37 被液压活塞 312 分成上、下两个腔体,上、下两个腔体内部充有液压介质 315,并且在上、下两个腔体的侧面各设有一个连接液压接头 36 并且设有一段螺纹的孔,液压接头 36 连接液压管 6。相对于船舶前进方向 8 左右对称还设有一个液压组件 3,对称的两个液压组件 3 相对于船舶前进方向 8 在舱室底部还布置有 3 组,左边液压缸体 37 的上(下)腔体与右边液压缸体 37 的下(上)腔体通过液压管 6 与液压马达 51 连接,液压马达 51 输出轴连接到发电机 52,发电机 52 通过导线 53 连接到整流蓄电装置 54。上层支承架 1 的底板与中间设有加强筋的下层支承架 4 的顶板之间还焊接有 12 个弹簧 2,其中在船舶前进方向 8 上,每六个均匀排成一排,在两个对称液压组件 3 前后各一排。

如图 9.2.10 所示,液压缸盖 34 中心孔顶端和内部开有 3 道环槽,其顶端环槽中设有防尘圈 32,其内部环槽设有缸盖密封环 39;液压活塞 312 外侧面设有 3 道环槽,其环槽中设有纵截面为圆形的活塞环 311;液压活塞 312 顶面与液压活塞杆 31 的大直径阶梯圆柱体底面之间、液压活塞 312 底面与液压螺母 313 顶面之间均设有活塞垫片 310 和活塞密封圈 38。发电储能组件 5 布置在上层支承架 1 与下层支承架 4 之间或者舱室里或者甲板上。

作为上述结构的补充,上层支承架 1 的加强筋与下层支承架 4 的加强筋形状为纵横"十"字交错布置的立板或者蜂窝状布置的立板;下层支承架 4 的底板与船体板之间的连接为焊接;液压活塞杆 31 与上层支承架 1 的底板之间的连接为铰接(图 9.2.8)。

减摇减振的发电式舱室地板安装步骤如下:

(1)将 3 组沿舱室纵向中心线对称的液压组件 3 通过螺栓 B314 连接到下层支承架 4。

(2)对所有的液压组件 3 进行灌充所述液压介质 315,并且将液压管 6 对应连接起来。

(3)通过螺栓 C7 将所有的液压组件 3 与上层支承架 1 的吊耳连接起来。

(4)将弹簧 2 的两头分别焊接于上层支承架 1 与下层支承架 4 之间,弹簧 2 的数量为 12 个,其中在船舶前进方向 8 上,每 6 个均匀排成一排,在对称的两个所述液压组件 3 前后各一排。

(5)将下层支承架 4 与甲板焊接起来。

(6)将上层支承架 1 与船舶舱室焊接起来。

减摇减振的发电式舱室地板工作原理如图 9.2.11 所示,描述如下:

(1)主机或其他船用机械运转时产生振动,这些振动传递至船体,再通过船体传递至所述下层支承架 4,通过弹簧 2,可以削弱大部分振动,当振动过大时,由于液压活塞 312 行程限制,可以使得振动位移在液压活塞 312 行程范围之内,从而对舱室振动进行限位保护。

(2)由于船舶重力和风载荷的作用,船舶舱室随船体摇摆而摇摆,这种摇摆是一种大位移低频率的摇摆,摇摆传递至所述液压组件 3,从而引起对称两个所述液压缸体 37 的

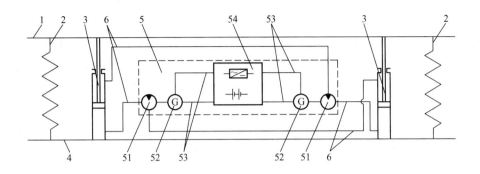

图 9.2.11　工作原理图

1—上层支承架;2—弹簧;3—液压组件;5—发电储能组件;6—液压管;

51—液压马达;52—发电机;53—导线;54—整流蓄电装置。

上、下腔体发生所述液压介质 315 的流动,从而增加舱室底架的扭转刚度,减小摇摆。比如,相对于船舶前进方向 8,舱室逆时针摆动,此时,左边所述液压活塞杆 31 下移,右边所述液压活塞杆 31 上移,左上(右下)腔体变大,左下(右上)腔体变小,引起所述液压介质 315 的流动,左下(右下)腔体的所述液压介质 315 流入右上(左上)腔体,从而使得左边所述液压活塞杆 31 又上移,右边所述液压活塞杆 31 又下移。同理,舱室向右摆动也是如此工作,从而最终减小摇摆。

(3) 由于舱室摇摆,而使得液压组件内部所述液压介质 315 的流动,而所述液压管 6 中间连接所述液压马达 51,所述液压介质 315 的流动会驱动所述液压马达 51 的转动,所述液压马达 51 输出轴接所述发电机 52 进行发电,通过所述导线 53 连接到所述整流蓄电装置 54 进行蓄电储能。

9.2.3　减摇减振的辅机基座

基于上述主机基座结构和舱室地板结构,在此给出两种可用于辅机设备(如船用医疗手术台)减摇减振的基座结构,即齿轮齿条式减摇减振基座[8]和滚珠丝杠式减摇减振基座[9]。

1. 齿轮齿条式减摇减振基座

如图 9.2.12 所示,齿轮齿条式减摇减振基座的主要结构包括弹簧 2、上支承架 4、下支承架 3、齿条 7、导轨组件以及齿轮组件;上支承架 4 连接机械设备 1,下支承架 3 固定于船体;弹簧 2 一端连接上支承架 4,另一端连接下支承架 3;齿条 7 的一端转动安装在上支承架 4 上,其另一端滑动连接在导轨组件上;齿条 7 的齿面与齿轮组件啮合,从而形成齿轮齿条副;齿轮组件包括两个齿轮,齿轮转动安装于上支承架 4 和下支承架 3 之间,齿轮的一端与齿条啮合;当船舶带动机械设备 1 摇摆时,齿条 7 与齿轮组件调节基座的整体扭转刚度,从而使得机械设备 1 与船舶摇摆同步而不被放大。

如图 9.2.12 所示,下支承架 3 上设有支座 14,齿轮组件通过齿轮轴 10 转动安装在支座 14 上,齿轮轴平行于上支承架 4 与下支承架 3 的平面;上支承架 4 设有吊耳,齿条 7 通过销轴 6 转动安装在吊耳上。

146

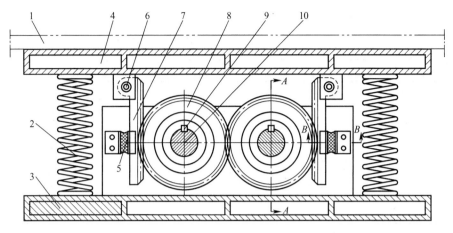

图 9.2.12 齿轮齿条式减摇减振基座结构

1—机械设备；2—弹簧；3—下支承架；4—上支承架；5—导轨组件；6—销轴；

7—齿条；8—齿轮；9—键；10—齿轮轴。

如图 9.2.13 和图 9.2.14 所示，导轨组件固定安装于支座 14，导轨组件包括固定板 52、弹性件 53 与导轨板 54，固定板 52 固定于支座 14；弹性件 53 一端连接固定板 52，另一端连接导轨板 54，导轨板 54 滑动连接齿条 7。弹性件 53 的底面为方形，其母线呈为凸曲线的扫掠体；弹性件 53 的材料为橡胶；弹性件 53 与固定板 52 及导轨板 54 之间的连接方式为硫化。导轨板 54 与齿条 7 之间存在预压力，预压力大小为机械设备 1 重量的 1%~20%。

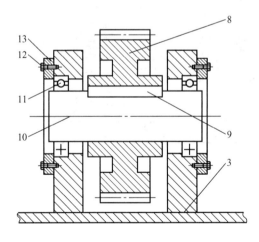

图 9.2.13 A 向视图

3—下支承架；8—齿轮；9—键；10—齿轮轴；

11—轴承；12—螺栓 B；13—轴承限位圈。

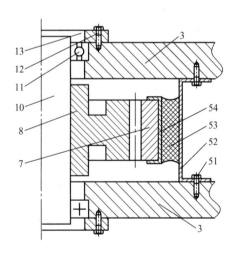

图 9.2.14 B 向视图

3—下支承架；7—齿条；8—齿轮；10—齿轮轴；11—轴承；

12—螺栓 B；13—轴承限位圈；51—螺栓 A；52—固定板；

53—弹性件；54—导轨板。

如图 9.2.15 和图 9.2.16 所示，齿轮组件的齿轮 8 数量为偶数且不得多于 8 个，齿轮 8 为彼此平行配置，并且齿轮 8 的轴线彼此重合，齿轮的直径相同或多个尺寸配置，相邻的齿轮彼此啮合，并且相同直径的齿轮必须为对称布置。

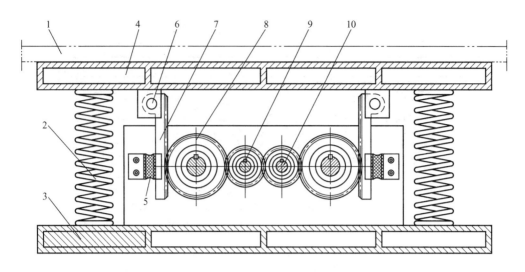

图 9.2.15　齿轮齿条式减摇减振基座结构(一)

1—机械设备;2—弹簧;3—下支承架;4—上支承架;5—导轨组件;6—销轴;

7—齿条;8—齿轮;9—键;10—齿轮轴。

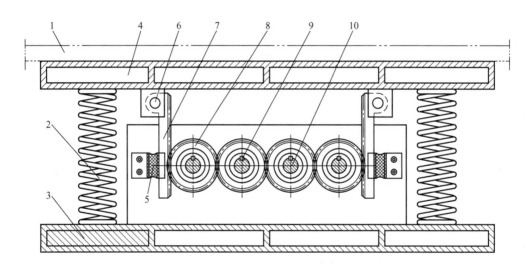

图 9.2.16　齿轮齿条式减摇减振基座结构(二)

1—机械设备;2—弹簧;3—下支承架;4—上支承架;5—导轨组件;6—销轴;

7—齿条;8—齿轮;9—键;10—齿轮轴。

齿轮齿条式减摇减振基座安装步骤如下:

(1)将两个齿轮 8 用键 9 固定于齿轮轴 10,并且将齿轮轴 10 通过轴承 11 安装于下支承架 3 设有的支座 14 上,并且盖上轴承限位圈 13,将螺栓 B12 旋紧。

(2)将齿条 7 通过销轴 6 安装于上支承架 4 设有的吊耳上。

(3)利用 4 个千斤顶将上支承架 4 撑在下支承架 3 上方,并且将齿条 7 压入齿轮 8,使得两者啮合。

(4)将导轨组件 5 安装于下支承架 3 设有的支座上,并且注意匹配齿条 7 形成滑动导向副。

（5）将所有弹簧 2 的两端分别与下支承架 3、上支承架 4 焊接起来，并且撤去千斤顶。

齿轮齿条式减摇减振基座工作方法如下：

（1）所述下支承架 3 与上支承架 4 之间安装有所述齿轮 8 相互啮合并且对称安装的两个齿轮齿条运动副，若干个所述弹簧 2 与前述齿轮齿条运动副形成并联作用安装于所述下支承架 3 与上支承架 4 之间。

（2）在风浪作用下，船舶会产生 $f_{船} = 0 \sim 1\text{Hz}$ 的低频摇摆，而所述机械设备 1 振动系统的固有频率 $f_0 = 5 \sim 20\text{Hz}$，所以振动系统的强迫振动频率比 $\bar{f} = \dfrac{f_{船}}{f_0} = 0 \sim 0.05$，根据强迫振动中的振动传递系数与频率比的关系曲线，当频率比 $\bar{f} < \sqrt{2}$ 时，船舶的摇摆传递到所述机械设备 1 将会被放大。然而本书中，当机械设备 1 在相对于船舶前进方向 14 逆时针摇摆时，所述上支承架 4 逆时针摇摆，带动右侧齿条 7 向上运动，左侧齿条 7 向下运动，从而带动左侧齿轮 8 逆时针旋转，从而带动右侧齿轮 8 顺时针旋转，从而带动右侧齿条 7 向下运动，使得逆时针摇摆的上支承架 4 迅速顺时针回归，从而就实现了所述机械设备 1 的摇摆和船舶摇摆同步而不被放大。同理，当机械设备 1 在相对于船舶前进方向 14 顺时针摇摆时亦是如此，这样也实现了所述机械设备 1 的摇摆和船舶摇摆同步而不被放大，从而实现了对机械设备 1 振动系统的减摇。

（3）所述机械设备 1 由于运转而产生振动时，振动会传递至上支承架 4，再传递至所述弹簧 2，由于弹簧的弹性与阻尼作用，使得振动得以削弱，当振动过大时，两侧齿条 7 会产生顶死作用，保证振动不会过大。

本设计结构简单，运行可靠，并采用模块化设计、制造与安装，便于更换损坏零件，尤其是两边的齿轮齿条运动副为对称结构，可以相互替代使用，降低了维修成本；无论是动力机械设备的主动隔振还是非动力机械设备的被动隔振，本发明都能削弱 30% 以上的振动，从而提高了机械设备的使用寿命，缓解恶劣的工作环境。

2. 滚珠丝杠式减摇减振基座

如图 9.2.17 所示，滚珠丝杠式减摇减振基座主要结构包括上支承架 2、弹簧 3、下支承架 4、滚珠丝杠组件与飞轮组件；上支承架 2 连接机械设备 1，下支承架 4 固定于船体；弹簧 3 一端连接上支承架 2，另一端连接下支承架 4；滚珠丝杠组件包括两根丝杠 11-1、11-2 与滚珠 12，丝杠 11-1、11-2 的一端转动安装在上支承架 2 上，另一端螺旋连接飞轮组件；飞轮组件包括两个飞轮 6-1、6-2，飞轮 6-1、6-2 外圆周设有齿面；飞轮组件安装于上支承架 2 和下支承架 4 之间；丝杠 11-1、11-2 分别螺旋插入至各自对应的飞轮 6-1、6-2 的中心孔内；当船舶带动机械设备摇摆时，滚珠丝杠组件与飞轮组件调节基座的整体扭转刚度，从而使得机械设备 1 与船舶摇摆同步而不被放大。

如图 9.2.17、图 9.2.18 以及图 9.2.19 所示，上支承架 2 设有转动支座，丝杠 11-1、11-2 通过销轴 5 转动安装在转动支座上；下支承架 4 中部位置设有飞轮安装支座 13，飞轮 6-1、6-2 转动安装在飞轮安装支座 13 上。上支承架 2 与下支承架 4 为相同的两块中空长方形板，弹簧 3 对称设置于长方形板的四个边角。

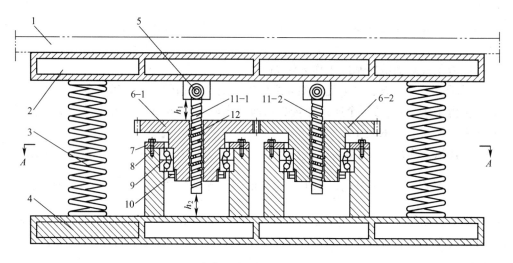

图 9.2.17　滚珠丝杠式减摇减振基座结构(一)

1—机械设备;2—上支承架;3—弹簧;4—下支承架;5—销轴;6-1—左侧飞轮;6-2—右侧飞轮;7—轴承限位圈;
8—螺栓;9—轴承;10—限位螺母;11-1—左侧丝杠;11-2—右侧丝杠;12—滚珠。

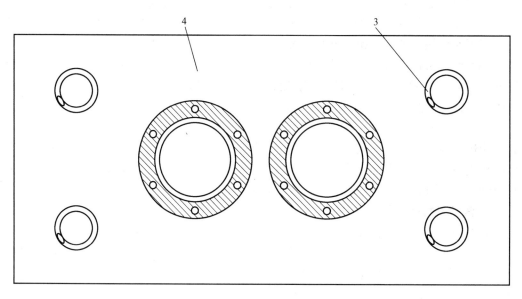

图 9.2.18　A 向视图

3—弹簧;4—下支承架。

　　如图 9.2.17 和图 9.2.19 所示,飞轮 6-1、6-2 通过轴承 9 转动安装在飞轮安装支座
13 内;轴承 9 顶面的外圈抵接轴承限位圈 7,轴承限位圈 7 固定安装在飞轮固定支座 13
的顶端,轴承 9 的顶面的内圈抵接飞轮 6-1、6-2 阶梯圆的侧面;轴承 9 底面的外圈抵接
在飞轮安装支座 13 的安装孔的台阶面上,轴承 9 底面的内圈抵接限位螺母 10。

　　特别注意的是,如图 9.2.17 所示,滚珠丝杠组件的两根丝杠 11-1、11-2 的螺纹方向
相反;飞轮组件的两个飞轮 6-1、6-2 相互啮合。如图 9.2.19 所示,滚珠丝杠组件的两根
丝杠 11-1、11-2 的螺纹方向相同;飞轮 6-1、6-2 通过同步齿轮带 14 相互连接。如图

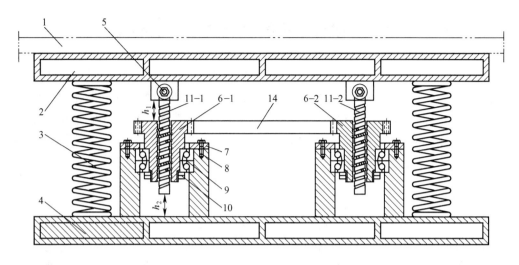

图 9.2.19　滚珠丝杠式减摇减振基座结构(二)

1—机械设备;2—上支承架;3—弹簧;4—下支承架;5—销轴;6-1—左侧飞轮;6-2—右侧飞轮;7—轴承限位圈;
8—螺栓;9—轴承;10—限位螺母;11-1—左侧丝杠;11-2—右侧丝杠;14—同步齿轮带。

9.2.17 和图 9.2.19 标记所示,丝杠 11 底面到下支承架 4 之间的距离 h_2 比飞轮 6 上端面
到上支承架 4 的转动支座的距离 h_1 小 3~10mm,以防止丝杠 11 在进行上下运动时,丝杠
11 低端触及下支承架 4,损坏丝杠 11。

作为上述结构的补充,飞轮 6-1、6-2 和丝杠 11-1、11-2 及滚珠 12 的材料均为高强
度耐磨材料,其中丝杠 11-1、11-2 的螺纹表面经过发蓝处理或喷涂铁氟龙。

滚珠丝杠式减摇减振基座安装步骤如下:

(1) 安装滚珠丝杠副,通过滚珠 12 将丝杠 11-1 和丝杠 11-2 分别安装入飞轮 6-1
和飞轮 6-2。

(2) 将轴承限位圈 7 从飞轮 6 下方套入,然后将对称布置的轴承 8 套入飞轮 6,并且
旋紧限位螺母 10,再将组装好的组件套入下支承架 4 设有的支座阶梯沉孔中,并且通过
螺栓 8 将轴承限位圈 7 进行固定连接。在此步骤安装飞轮的过程中,注意使飞轮 6-1 和
飞轮 6-2 啮合连接,或者通过同步齿轮带连接。

(3) 利用千斤顶支承住上支承架 2,并且通过销轴 5 将上支承架 2 的转动支座分别
与丝杠 11-1 和丝杠 11-2 转动连接。最后,将所有弹簧 3 的两端分别与上支承架 2、下支
承架 4 焊接起来,并且撤去千斤顶。

滚珠丝杠式减摇减振基座工作原理和上述齿轮齿条式减摇减振基座的工作原理类
似,不再赘述。

特别注意的是,第一种滚珠丝杠式减摇减振基座结构中由于飞轮 6 较大,所以对
于大型减摇设备的减摇,反应较为灵敏,效果较明显,而对于小型减摇设备,由于飞
轮 6 惯性较大,减摇效果一般。第二种滚珠丝杠式减摇减振基座结构中飞轮 6 较小,
飞轮 6 惯性较小,对于小型减摇设备的减摇,较为适合,而对于大型减摇设备,由于
飞轮 6 惯性小,减摇效果一般。两种结构中对应的不同支承装置,必须适用于不同的
应用场合。

9.3　含惯容结构的发电式动力吸振器

1928年,J·奥蒙德罗伊德等提出了动力吸振器的方法。动力吸振器又称调谐质量阻尼器,其原理是在主振系统上附加质量弹簧共振系统,这种附加系统在共振时产生的反作用力可使主振系统的振动减小。当激发力以单频为主,或频率很低,不宜采用一般隔振器时,动力吸振器特别有用。如附加一系列的这种吸振器,还可以抵消不同频率的振动。由于它结构简单,易于实施,能有效抑制频率变化较小的设备振动,因此广泛应用于船舶与海洋工程、航空航天、建筑桥梁等各行各业的各种机械设备上,已成为实施振动控制最常用的重要手段之一。

现有的动力吸振器绝大多数没有将有害的振动能转化为可利用的电能,既不经济也不环保,同时由于振动能量未能转化,缩减了装置寿命;而绝大多数将振动能转化为电能的动力吸振装置,利用了转化效率非常有限的压电原理进行转化。通过压电原理进行能量回收,能量收集相当有限,所以工程发展受到限制[10,11]。此外,现有传统的动力吸振器若所需的质量元件较重,如用于一些大型主振系统吸振的动力吸振器,若吸振器质量元件不够重,则几乎没有减振效果或者减振效果一般。此时需要较重的质量元件来代替,这样则必然会导致吸振器整体过重。

9.3.1　含惯容结构的动力吸振器结构设计

如何能提供一种吸振频带宽、能高效的将振动能转化为电能并且可以应用于大型主振系统的轻质动力吸振装置,成了亟待解决的问题。

基于此现状,本书设计了一种含惯容结构的动力吸振器,如图9.3.1~图9.3.7所示,其主要结构包括吊耳1、螺栓2、盖板3、导向套4、缸体5、弹簧11、发电组件及滚珠丝杠式惯容器组件;与盖板3外端面两端固定连接的吊耳1焊接于主振系统上,盖板3内端面与弹簧11连接,弹簧11与滚珠丝杠式惯容器组件形成串联支承作用,滚珠丝杠

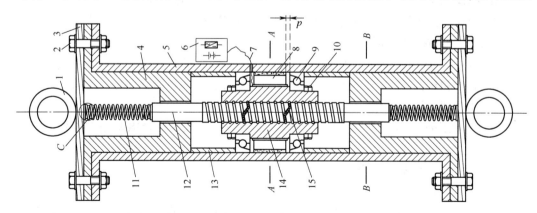

图9.3.1　含惯容结构的发电式动力吸振器结构

1—吊耳;2—螺栓;3—盖板;4—导向套;5—缸体;6—整流蓄电装置;7—导线;8—磁铁;9—轴承;
10—锁紧螺母;11—弹簧;12—贯穿丝杠;13—轴承限位圈;14—丝杠螺母;15—滚珠。

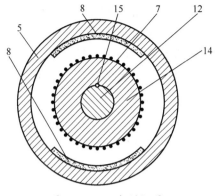

图9.3.2　*A* 向剖视图

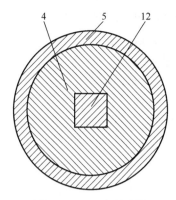

图9.3.3　*B* 向剖视图

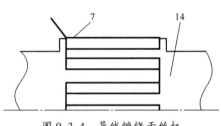

图9.3.4　导线缠绕于丝杠

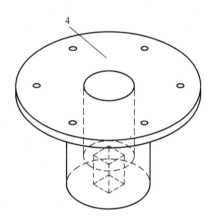

图9.3.5　导向套三维图

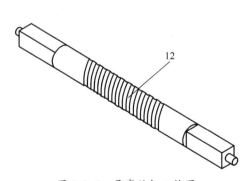

图9.3.6　贯穿丝杠三维图

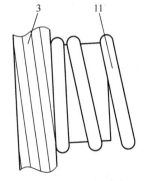

图9.3.7　盖板与弹簧连接放大图

式惯容器组件包括轴承9、锁紧螺母10、贯穿丝杠12、轴承限位圈13、丝杠螺母14、滚珠15。贯穿丝杠12中部设有一段用于安置滚珠15的丝杠螺纹,贯穿丝杠12两端为横断面呈方形的光滑段,光滑段与端部带凸缘并且中心依次开有大阶梯圆孔和小阶梯方孔的导向套4的小阶梯方孔形成滑动副,贯穿丝杠12中部的丝杆螺纹上通过安置有的滚珠15穿插在形状呈小大小阶梯圆柱的中空丝杠螺母14中,丝杠螺母14中间大阶梯圆柱面侧面安置有发电组件,发电组件包括整流蓄电装置 6、导线 7、磁铁 8,两片磁铁 8 分别贴附于缸体 5 内侧面上,导线 7 绕成线圈贴附于丝杠螺母 14 大阶梯圆柱侧面切割两片磁铁产生的磁感线,并通过缸体 5 侧面开有的小孔引出到整流蓄电装置 6 上,丝杠螺母 14 两端小阶梯圆侧面安置有轴承 9 内圈,轴承 9 外圈抵在轴承限位圈 13 的一端面上,轴承限位圈 13 的另一端面抵在导向套 4 的不带凸缘的端面上,导向套 4 的凸缘上周向均布 6 个孔,盖板 3 与缸体 5 的两端凸缘均开有与导向套 4 凸缘上所设孔相匹配的孔,通过螺栓 2 将三者连接起来。

如图 9.3.1 所示,轴承 9 的内圈一端面抵在丝杠螺母 14 的大圆柱体端面上,另一端面通过丝杠螺母 14 的两端小圆柱体侧面端头设有的螺纹而被两个锁紧螺母 10 抵住,或者轴承 9 的内圈过盈配合于丝杠螺母 14 的两端小圆柱体侧面上。整流蓄电装置 6 安置于缸体上或主振系统上,导线 7 的材料为金属或非金属材料;磁铁 8 径向上与轴承 9 外圈留有间隙 $d = 3 \sim 10\text{mm}$。

如图 9.3.1、图 9.3.6 和图 9.3.7 所示,盖板 3 内端面的中心处、贯穿丝杠 12 端头均设有一个小凸台,弹簧 11 两端套于小凸台侧面。

作为上述结构的补充,轴承 9 类型为推力调心滚子轴承、圆锥滚子轴承、推力球轴承、角接触球轴承或推力圆柱滚子轴承;贯穿丝杠 12 表面、丝杠螺母 14 内表面以及滚珠 15 表面均涂有耐磨的自润滑覆盖层;滚珠 15 为高强度金属或非金属球;耐磨的自润滑覆盖层为铁氟龙覆盖层或二硫化钼覆盖层;高强度金属球为锆球或 30Cr 球;高强度非金属球为陶瓷球或碳纤维增强的树脂基复合材料球。

该动力吸振器结构中利用惯容器组件具有放大质量的属性而可以应用于大型主振系统的减振;由于惯性阻尼和电磁阻尼作用,有效拓宽了减振频带,增大了减振范围;由于导线 7 组成的线圈切割磁铁 8 形成的磁感线,高效的转化了能量,经济、环保、节能。所设计动力吸振器不但可以利用在振动系统,更可利用在摇摆系统,如海上风机的机架减摇、冷却水塔的减摇,具有广阔的应用前景。

9.3.2 含惯容结构的动力吸振器的装配及工作原理

1. 装配方法

(1) 组装滚珠丝杠式惯容器组件:将贯穿丝杠 12 与丝杠螺母 14 通过滚珠 15 组装成滚珠丝杆螺旋副。

(2) 将轴承 9 套入丝杠螺母 14 的两端小阶梯圆柱,并用两个锁紧螺母 10 旋入锁紧。

(3) 将弹簧 11 套入贯穿丝杠 12 端头设有的小凸台,从而与滚珠丝杠式惯容器组件组成串联系统。

(4) 将磁铁 8 贴入缸体 5 的中部。

(5) 将前述串联系统套入缸体 5,并且注意间隙 $d = 3 \sim 10\text{mm}$(图 9.3.1)。

(6) 将两个轴承限位圈 13 与两个导向套 4 依次从缸体 5 两端套入缸体 5。

(7) 将弹簧 11 两端套入两个盖板 3 内表面中心设有的小凸台(图 9.3.7)。

(8) 将所设计装置两端所有 12 个螺栓 2 连接固定起来。

2. 工作原理

（1）将一个或多个本发明装置通过吊耳 1 固定于主振系统的各个振动方向上，并且将整流蓄电装置 6 安置于缸体上或主振系统上。

（2）由于本发明装置吸振时是弹簧 11 带动贯穿丝杠 12 振动，从而带动丝杠螺母 14 的往复转动，并且丝杠螺母 14 的往复转动交替时的惯性，使得本发明装置存在惯性阻尼，从而拓宽了吸振频带。此外，由于导线 7 组成的线圈切割磁铁 8 形成的磁感线，根据楞次效应可知，本发明装置还存在电磁阻尼，进一步拓宽了吸振频带，并且切割频率越大，所产生的电磁阻力越大，电磁阻尼越强，吸振频带越宽。

（3）由于导线 7 组成的线圈切割磁铁 8 形成的磁感线，从而产生交流电，并且导线 7 接入整流蓄电装置 6，从而将电能进行存储。

（4）当主振系统沿着各个振动方向产生振动时，根据公式 $b_m = J \cdot \left(\dfrac{2\pi}{p}\right)^2$（其中，$b_m$ 为放大虚拟质量（惯质系数），J 为丝杠螺母 14 的转动惯量，p 为贯穿丝杠 12 的导程），显然，惯容器具有放大质量属性的功能，从而得到一个放大虚拟质量，其实际质量远远小于与放大虚拟质量等同的质量元件，大大降低了用于大型主振系统的动力吸振器质量。

9.4 本 章 小 结

本章所述含惯容结构的半主动减摇鳍实际是利用了惯容器的惰性去控制船舶摇摆；所述含耦合惯容结构的减摇减振设备中主机基座和舱室地板主要是在液压式惯容器之间引入反馈，实现惯容器之间的耦合，而辅机基座同样也是基于惯容器之间的耦合，只不过换成了齿轮齿条式惯容器和滚珠丝杠式惯容器；所述含惯容结构的发电式动力吸振器是基于惯容器能增加参振质量的本质。

以上设计结构仅为较佳的结构，这些结构还可有其他多种实现方式。当然，惯容器在船海领域的应用探索还远不止这几种结构，还需要后来的研究人员继续探索，争取早日将惯容器实际应用于船海领域。

参考文献

[1] 张俊宁，路永婕，彭朝亮，等．一种用于山地自行车前叉的发电惯容装置：CN201610042773.5[P]．2016-01-12.

[2] 杨绍普，路永婕，张俊宁，等．机床主动吸振系统：CN201510498741.1[P]．2016-08-14.

[3] 杜甫．"惯容-弹簧-阻尼"悬挂结构综合及其在高机动履带车辆上的应用研究[D]．北京：中国北方车辆研究所，2014.

[4] 温华兵，郭俊华，吕珏，等．一种具有宽频减振性能的惯容与橡胶复合减振器：CN201510849097.8[P]．2015-11-27.

[5] 马赛平，陆宝春，张鸿鹄，等．一种电驱动减摇鳍电伺服控制系统：CN201410071547.0[P]．2014-05-14.

[6] 潘挺杰，顾挺锋，翁徽赣，等．用于海洋工程辅助船的舵部：CN201310275782.5[P]．2013-07-03.

[7] 温华兵，郭俊华．一种带有半主动控制式惯容结构的船舶减摇鳍：CN201610200088.0[P]．2016-04-01.

［8］温华兵，郭俊华，刘悦，等．一种齿轮齿条式船用减摇减振支承装置:CN201710034156.5［P］．2017-01-17.

［9］温华兵，郭俊华，刘悦，等．一种滚珠丝杠式船用减摇减振支承装置:CN201710034176.2［P］．2017-01-17.

［10］刘海利，陈加浪，王兆强，等．基于动力吸振器的压电振动能量收集装置:CN201010130519.3［P］．2010-06-16.

［11］毛崎波．一种基于压电反馈控制的频率可调阶梯梁式动力吸振器:CN201620008221.8［P］．2016-01-07.